中华爱国人物故事
ZHONGHUA AIGUO RENWU GUSHI

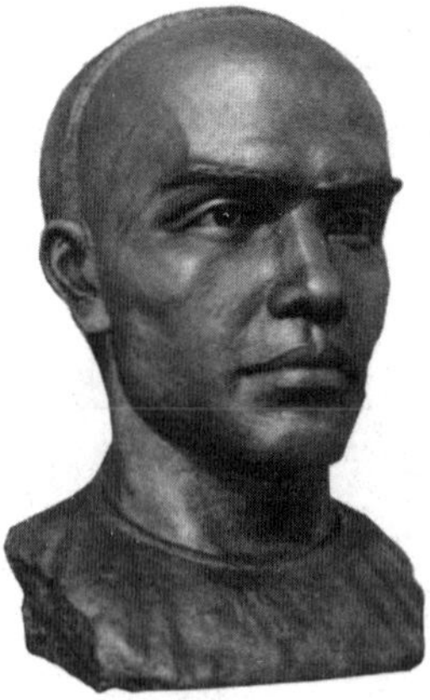

为变法流血的第一人谭嗣同

邢 扬 编著

吉林人民出版社

图书在版编目(CIP)数据

为变法流血的第一人谭嗣同 / 邢扬编著 . -- 长春：吉林人民出版社，2011.5
(中华爱国人物故事)
ISBN 978-7-206-07853-8

Ⅰ.①为… Ⅱ.①邢… Ⅲ.①谭嗣同(1865～1898)-生平事迹 Ⅳ.①B254

中国版本图书馆CIP数据核字(2011)第075738号

为变法流血的第一人谭嗣同
WEI BIANFA LIUXUE DE DIYIREN TAN SITONG

编　著：邢扬
责任编辑：王一莉　赵磊　　　封面设计：七洱
吉林人民出版社出版 发行 (长春市人民大街7548号 邮政编码:130022)
印　刷：鸿鹄(唐山)印务有限公司
开　本：670mm×950mm　　1/16
印　张：8　　　　　　　字　数：70千字
标准书号：ISBN 978-7-206-07853-8
版　次：2011年5月第1版　印　次：2023年6月第4次印刷
定　价：35.00元

如发现印装质量问题，影响阅读，请与出版社联系调换。

总　序

胡维革

《中华爱国人物故事》是一套故事丛书。它汇集了我国历史上80位古圣先贤、民族英雄、志士仁人、革命领袖、先进模范人物的生动感人史迹，表现了作为中华民族优秀传统的伟大的爱国主义精神。

爱国主义是人们对于"生于斯、长于斯、衣食于斯"的祖国的一种神圣感情，是人们对于自己民族的一种强烈的责任感和使命感，是感召和激励整个中华民族的一面永不褪色的旗帜。在漫长的历史上，爱国主义一直激励着中华儿女为祖国的独立、统一、进步和繁荣而英勇奋斗。从伟大的思想家教育家孔子到统一全国的千古一帝秦始皇，从秉笔直书著《史记》的司马

◆ 中华爱国人物故事

迁到鞠躬尽瘁死而后已的诸葛亮,从伟大的浪漫主义诗人李白到精忠报国的民族英雄岳飞,从七下西洋传播友谊的郑和到抗击倭寇的民族英雄戚继光,从苟利国家生死以的林则徐到为变法流血的第一人谭嗣同,从威震敌胆的抗联将军杨靖宇到人民音乐家聂耳与冼星海,从踏遍青山人未老的李四光到万婴之母林巧稚,从县委书记的好榜样焦裕禄到情系雪域献身高原的孔繁森……都表现出了强烈的爱国主义精神。正是由于热爱祖国的人们前仆后继地奋斗,国家和民族才得以生存,历经一次次历史危急关头而能转危为安,走向兴盛和富强,从而屹立于世界民族之林。爱国主义是鼓舞中华儿女历经忧患、跨越沧桑、百折不挠、自强不息的伟大力量,它贯穿于中华民族的整个历史,并有力

总序

地凝聚着五洲四海的中国人。

爱国主义是一个历史的范畴,在社会发展的不同阶段、不同时期有着不同的具体内容。革命时期,需要我们为祖国的独立自主出生入死;建设时期,需要我们为祖国的繁荣富强增砖添瓦;在全国各族人民团结一心建设富强、民主、文明、和谐的社会主义现代化国家的今天,我们要争做一名新时期的爱国者。新时期的爱国者要有强烈的民族自尊心和自豪感。民族自尊心和自豪感是任何时期任何爱国者都必须具备的情感。民族自尊心能增强我们自立向上的恒心,民族自豪感能树立我们建设祖国的信心。要树立"祖国高于一切"的崇高信念,为了祖国和人民的利益不惜抛却个人的利益,甚至不惜牺牲个人的生命。要树立终身学习的理念,拓

◆ 中华爱国人物故事

宽自己的知识面,广泛吸收新知识新技术,完善自身的知识结构,更新学习知识的方法与理念,从思想上、知识上充分武装自己,为祖国的繁荣昌盛贡献力量。

　　爱国主义思想的继承和发扬,是关系到民族盛衰、国家兴亡的根本问题。一代代人爱国主义思想情操的形成,需要不断地培养。培养爱国主义的一个重要途径是向爱国主义的英雄人物和典范事迹学习。这套丛书的出版,对于人们向英雄和先进人物学习,特别是对于在中小学生中进行爱国主义教育,将可提供一些生动的教材。祝愿此书出版发行成功,为培养"四有"新人做出贡献。

于 2011 年 4 月 23 日
世界读书日

编 委 会

策 划：胡维革　吴铁光
　　　　林　巍　李达豪

主 编：胡维革　邢万生

副主编：贾淑文　吴兰萍

编 委：(按姓氏笔画为序)
　　　　于二辉　门雄甲
　　　　刘士琳　刘文辉
　　　　孙建军　李相梅
　　　　李艳萍　杨九屹
　　　　谷艳秋　陈亚南
　　　　隋　军　韩志国

目 录
CONTENTS

- ◎ 012　苦难的童年
- ◎ 019　母亲对谭嗣同的影响
- ◎ 024　浏阳三先生
- ◎ 030　挚友唐才常
- ◎ 034　博览群书
- ◎ 037　结识王大刀
- ◎ 041　厌恶科举
- ◎ 044　至死不渝的爱情
- ◎ 047　十年漫游
- ◎ 050　浏阳赈灾
- ◎ 054　买来的候补知府

目录
CONTENTS

从保守到激进　056
创建算学馆　059
冲决网罗　068
创作《仁学》　075
发展工商业　082
革新湖南　088
参与新政　101
变法失败　110
误信袁世凯　118
喋血菜市场　125

苦难的童年

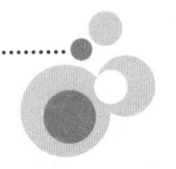

1865年3月10日，在北京宣武门外北半截胡同户部员外郎的家里诞生了一个新生儿，由于这个孩子与父亲同一属相，故取名嗣同。不用说，他就是我们这个故事的主人公，为变法流血的第一人谭嗣同。

在那个年代，生在官宦人家应当是幸运的，然而我们的小主人公却非常不幸。谭嗣同祖籍湖南浏阳，而浏阳谭氏是一个很古老的姓氏，相传它是华夏始祖黄帝之孙颛顼高阳氏的后裔。明朝时，谭氏的祖先曾立下赫赫武功，被封为"新宁伯"。自此肇始，以后的二百年里，谭氏家族因武功而被封为侯伯的达"九世十人"，这是谭氏家族很辉煌的时

谭嗣同

大夫第

谭嗣同故居，位于浏阳市北正南路，始建于明朝末年，原为周姓祠宇，由谭嗣同祖父谭学琴买下，作为私宅，取名大夫第。

期。也就是在这个时期，谭氏祖先迁居到了湖南，定居浏阳。

到谭嗣同的祖父谭学琴时，谭氏家道已经衰微。因为家境贫寒，谭学琴小时候就没有读过多少书，长大后只能设法在县衙门做了一个小吏。到他的父亲谭继洵手上，家境已经衰落，成为一个贫困家庭，在谭嗣同出生前六年，他的父亲才考取进士而重振家声。母亲徐五缘为人挚诚朴实，治家井井有条。谭继洵读书科考的那些年家里生活拮据，徐五缘承担了全家生活的重担。

1859年谭继洵终于考中了进士并做了京官，谭氏家族上下欢庆，不过，就在这欢笑声里，悲叹与不幸也一步一步地走来了。

原来谭继洵作了京官以后，娶了一个比自己小24岁

的女人卢氏做小老婆，后来他虽然也把家眷接到了北京，却过分宠爱小妾，造成了夫妻间的隔阂，所以当谭嗣同降生的时候，这个家庭已经不似从前那么美满恩爱了。

那一年，谭嗣同8岁了。母亲和大哥回湖南老家，把谭嗣同留在北京，没想到卢氏这个女人把平时对他母亲的怨恨都撒到了谭嗣同身上。她经常无故打骂和训斥谭嗣同，有时还挑拨他们父子之间的关系，故意让谭嗣同受父亲的责罚。

有一次，谭嗣同到父亲的书房里找书被她发现了。

"你这儿来干什么？"

北京市宣武区北半截胡同41号

浏阳"大夫第"书房

"这是我父亲的书房，我怎么就不能来？"

"好啊，连你个小孩子也敢和我顶嘴！"说着她就操起了地下的扫帚，向谭嗣同打来。谭嗣同向旁边一闪，躲了过去。但她这一下刚好打在父亲最喜爱的砚台上，砚台碎了，她一惊，又向谭嗣同打来，可谭嗣同已经跑掉了。

"真是气死我了，你也想欺负我？看我怎么收拾你。"晚上，父亲回来，她故意弄得满面泪痕。

"怎么了？"谭继洵对这个小女人一向宠爱，关切地问道。

"我在这个家可没法活了，我不仅要看老的脸色，现在连小的都敢欺负我了。他打破了你的砚台,我说他两句,他不但不听,还大声骂我。"她一边说,一边假装抹眼泪。

父亲心疼了,赶忙上来安慰:"你放心,这个家有我就有你。那个小畜牲,我会管教他的。"

卢氏见达到了目的,就开心地笑了。谭继洵哄好了她,转身就去找谭嗣同。谭嗣同正在后花园里斗小狗玩,见父亲来了忙迎上去。

"爹!"

"你还有脸叫我爹!你毁了我的砚台不算,还气得你二娘哭,看我不好好教训你。"说着举手就朝谭嗣同打来。

"爹,不是,不是我……"

谭继洵根本不听他辩解,边打边骂。见父亲这样,谭嗣同不再说什么,用能喷出火来的一双眼睛,死死盯

住父亲，任他打骂。谭继洵立即意识到了儿子的这一变化，把举起的手又放下了。

这天晚上谭嗣同没吃饭，一个人躺在床上哭了好久。一个月以后，母亲回来了，她见谭嗣同面色难看，神情不爽，就问：

"你哭了？"

"没有。"

"那是她欺负你了？"

"没有。"

"你想娘了吗！"

"嗯！"谭嗣同脱开母亲的手跑掉了。

但母亲已经看到了那悬在他眼中的泪。她长长地叹了口气，却又隐隐地感到一丝快意：这孩子多坚强啊！

谭嗣同的母亲共生了5个孩子，3个男孩儿，2个女孩儿。大女儿很小就夭折了，剩下4个长大成人。

谭嗣同12岁那年，二姐得了白喉症，从兰州到北京来医治，母亲携谭嗣同前去探望。不久，二姐病死。两天后，母亲由于受传染也病死了。大哥前来照看母亲，在母亲去世的第三天也染病身死。

谭嗣同受感染后大病不起，昏迷三日不醒，后来又奇迹般地复活了，谭继洵为他取字"复生"。

他虽然"复生"了，死去的亲人却再不能复生。二

北京故居院落一角

哥扶母亲、大哥、二姐的灵柩回湖南安葬，孤苦的谭嗣同留下随父亲。他已失去了母爱，在卢氏的挑拨下又得不到父爱，唯有和二哥的信函可以寄托一份亲情。可是几年以后，年仅33岁的二哥也在台湾官任上病逝了。

这一而再、再而三地打击和不睦的家庭氛围，使谭嗣同常常感到压抑，使他极为深刻地感受到了封建伦理纲常的罪恶，一旦他长大成人就要冲决这网罗，砸烂这世界。

母亲对谭嗣同的影响

谭嗣同童年时受影响最大的还是他的母亲徐五缘。

徐五缘出生在贫寒家庭，勤劳而善良。她嫁给谭继洵时，谭继洵还没有做官，徐五缘要承担全部家务，她每天天刚亮就起床扫地做饭，饲养家禽，耕作田地。晚上孩子睡下后，她还陪着读书的丈夫在油灯下缝补衣服

谭嗣同故居"大夫第"正门门楼

或纺纱织麻，当时被乡里称为有古贤女的风貌。正是有她含辛茹苦勤劳持家，使得谭继洵可以专心于学业。

后来，丈夫谭继洵的官越做越大，但徐五缘却没有改变俭朴和勤劳的习惯。就是作为巡抚的夫人，每餐仅有三四种菜肴，而且大都是蔬菜，很少有鱼肉；平日总是穿着旧衣裙，只有会客时才穿仅有的几件绸缎衣服。谭嗣同从懂事时起，就记得母亲常穿着一件丝麻衣，衣服多处裂开，依稀可以看到露出的麻絮，但母亲依然珍惜，穿了十几年而没有遗弃。谭嗣同小的时候，母亲担心他和弟弟妹妹在官僚家庭养成奢侈闲逸的习性，常常向他们讲述自己过去贫苦生活的情形，让他们明白衣食的来之不易。每天晚上，她自己依然纺纱直到深夜，这

纺纱机

"大夫第"院子

给儿女们留下了非常深刻的印象。在谭嗣同童年时，曾发生了这样一个故事。

当时，谭嗣同年龄小，很淘气，常常玩得忘了读书。有一天，老师问谭嗣同："你家哪个女仆深夜还在不停地纺纱，响声隔着一道墙也听得清清楚楚，她怎么这样勤劳呢？"

谭嗣同回答说："先生，那不是女仆，是我母亲，她天天晚上都要纺纱的。"

老师听了，非常惊讶。在知道了这是事实后，就严肃地对谭嗣同说："你爸爸已经做了十年的官，家里算得

上富贵了。但你妈妈还是不愿过清闲安逸的日子，每天都这样辛劳，你却不肯下苦功学习，只知道嬉戏玩闹，难道心里不感到惭愧吗？"

听老师说起母亲的勤劳，谭嗣同心里非常激动，他恳切地对老师说："先生，我以后再也不贪玩了，一定认真念书。"从此以后，谭嗣同果然有了转变。随着年龄的增长，学习更是勤奋，加上他本身资质聪慧，所以少年时就写得一手好文章。

徐五缘是个很刚强的女性，在艰难的生活中从不气馁，在她的影响下，谭嗣同也形成了倔犟的性格。谭嗣同7岁时，母亲因事要从北京返回浏阳老家。临行时，她告诫谭嗣同要勤奋学习，不要过于思念亲人。因为年幼，与母亲离别后谭嗣同思母成疾，总是偷偷地哭，旁人询问情况，他也总是闭口不说。第二年，徐五缘返回北京，谭嗣同也不肯向她承认自己曾经哭过。徐五缘笑着对别人说："嗣同能够这样的倔犟，足以自立，我就是死也没有可顾虑的了。"

谭嗣同虽然出生在高官家庭，但从来没有一点慵懒懈怠、嬉戏娱乐的纨绔子弟习气，而且愿意和社会下层民众接近，这和母亲的影响有着很大关系。

谭嗣同曾作《先妣徐夫人逸事状》记载母亲的生平事迹。

浏阳三先生

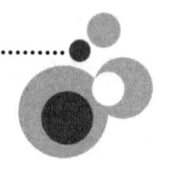

谭嗣同这一生中有许多位老师，对其思想上有重大影响的有三个，分别是欧阳中鹄、涂启先、刘人熙，因这三人都是谭继洵的浏阳老乡，学问人品都很著名，故被称作"浏阳三先生"。

谭嗣同10岁的时候，迁居北京"浏阳会馆"。那时候各地均在北京设立会馆，作为同乡会的会址，既方便各地进京赶考的举人住宿，也方便在京城做官的官僚们的流寓。当时有个进步学者叫欧阳中鹄，在北京任内阁中书，也住在这里。

谭继洵聘请了欧阳中鹄作为他的老师，学习中国的文化典籍，希望借名人之手，把自己的儿子扶上科举成名之路。

欧阳中鹄非常尊崇明末清初思想家王夫之的学问和气节，经常给谭嗣同讲王夫之与满族贵族斗争的故事和

欧阳中鹄书札

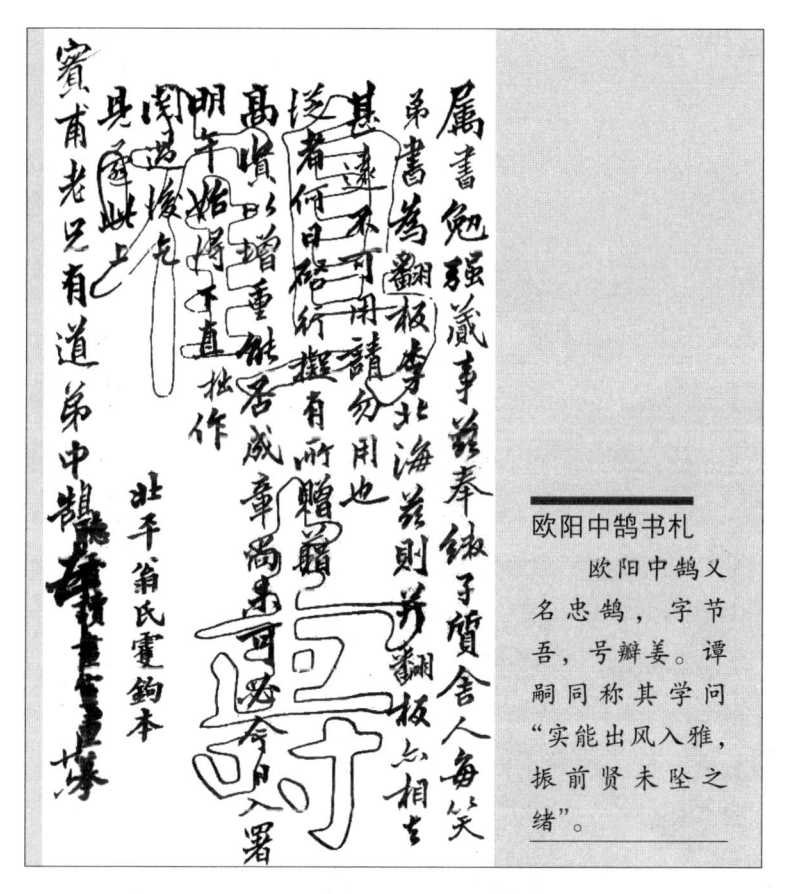

欧阳中鹄义名忠鹄，字节吾，号瓣姜。谭嗣同称其学问"实能出风入雅，振前贤未坠之绪"。

他朴素的唯物主义思想。他不仅学识渊博，而且还具有忧国忧民、改革时政的进步思想，在谭嗣同孩童的心里埋下了一颗颗反抗的种子。

在欧阳老师的熏陶下，谭嗣同好学深思，善于从先秦经学、诸子、宋明理学和清代诸家的学说中吸收有益于国计民生的内容。丰富的文学，浩瀚的历史，无一不使他爱不释手。他14岁开始学诗，第一次作诗就写下了这样的佳句：

> 碧山深处小桥东，
> 兄自西驰我未同。
> 羡杀洞庭连汉水，
> 布帆斜挂落花风。

表现出非凡的才华。

1878年秋，谭嗣同在兰州道署里读书，对桐城派古文产生了很大的兴趣。桐城派古文，在当时的文坛上占据着正宗的地位。桐城派不仅在文学思想方面是保守的，而且是程、朱理学的信徒。

谭继洵认为谭

围山书院

　　始建于1898年，总占地面积3039平方米，建筑面积1635平方米，名列浏阳八大书院之一。由涂启先带头捐资、捐地并主持修建。

嗣同虽然用功读书，但是究竟是缺少名师的指点，不能走上"正途"，于是致函浏阳的著名学者涂启先，聘请他当谭嗣同的老师，接受正统的封建教育。谭嗣同在父亲的督促下从兰州回到湖南故乡浏阳，涂启先此时正执教浏阳城南书院。

涂启先，字舜臣，秉承乾嘉考据学的遗风，精通文字音韵、名物训诂和史学。谭嗣同从涂启先学儒家经典，也学考据训诂基本功。涂启先讲

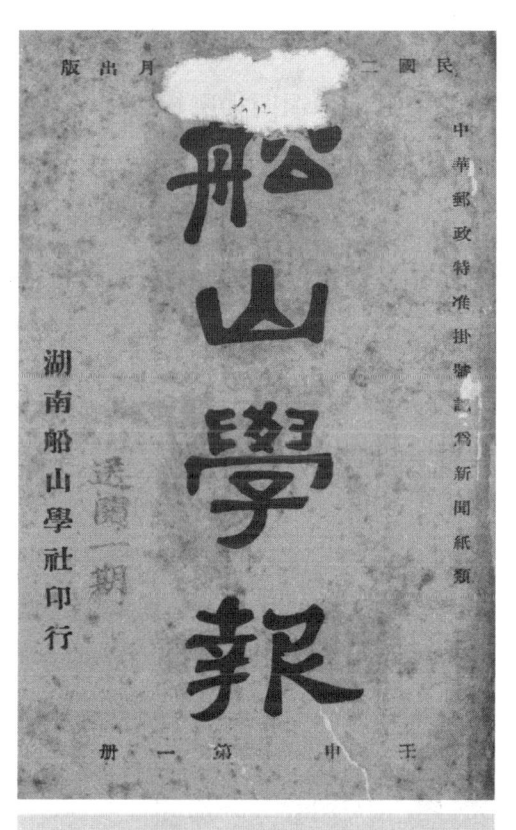

船山学报

1915年8月由改革志士刘人熙先生组织全省学者名流，自筹资金创办。该刊以弘扬王船山爱国主义思想，砥砺国人承担重任，振兴中华为宗旨，成为世纪初学术思想界一支异军突起的劲旅，极大地推动了当时的思想解放运动。

授儒家经典，往往能自由发挥议论，不受前人注释或思想的束缚，谭嗣同很愿意跟他学习，也给谭嗣同提供了自由思索的空间。

1888年，他又拜刘人熙为师。刘人熙先生是清末民初的著名学者，因在清末科举考试的省试中获得第一名，而被乡亲们称为"解元先生"。他在著名学者刘人熙的指导下继续认真研究王船山等人的著作，汲取其中的民主性精华和唯物色彩的思想。

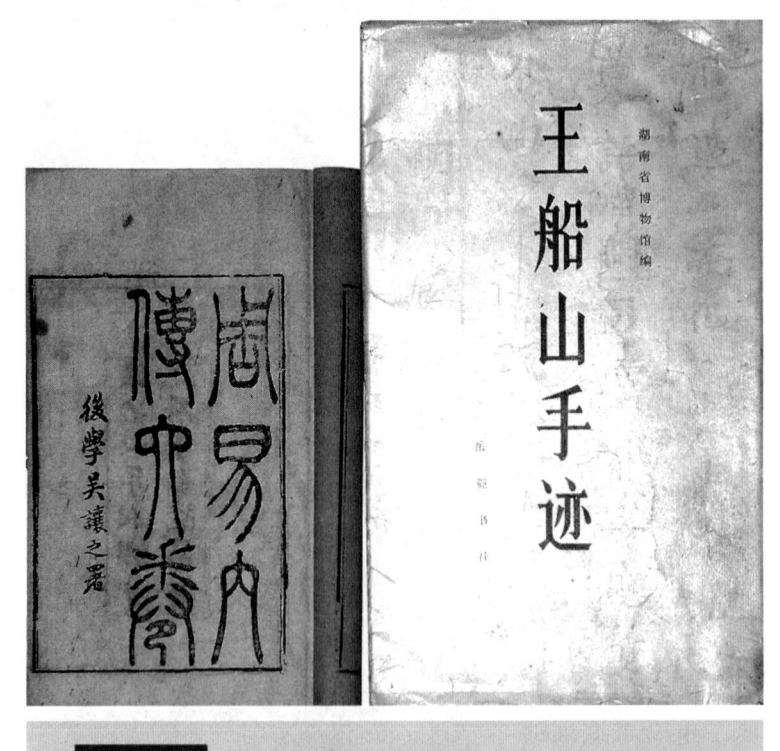

王船山手迹

中法战争爆发，中国不战而败，使谭嗣同满心愤慨，他继续研究《王船山遗书》，希望从中探索到振兴中国的道路。1892年，他将研究王船山思想的疑难，向刘人熙求教。刘人熙勉励他说："探索事物的本质，与其他书籍比较，应从社会实践的效果上加以验证。"这个提示给谭嗣同很大启发，他把王船山和其他古代思想家的著作，综合、比较，加以研究，结合他所掌握的西方先进的自然科学知识和政治学说，联系当时的社会现实，总结出要想改变中国现状，必须向西方学习。

"浏阳三先生"不但指导谭嗣同学习，而且他们的师生关系极好。像刘人熙十分欣赏谭嗣同，称他"好学深思，有不可一世之气"；是"少年真奇人"。欧阳中鹄和谭嗣同更是超出了一般的师生关系。当谭嗣同少年遭遇家庭不幸时，欧阳中鹄尽力给他帮助，谭嗣同从他那里得到了家里得不到的温暖，所以两人情同父子。谭嗣同一生中，对欧阳中鹄写给他的一张纸、一句话都非常珍惜。

挚友唐才常

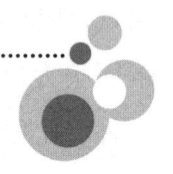

1877年，谭嗣同随父亲回浏阳扫墓，来吊唁的宾客如云。其中唐才常也随父亲前来吊唁，谭嗣同遂于唐才常结识。当时谭嗣同13岁，唐才常小几岁，二人倾谈，情投意合，幼年天真纯朴的性格，使二人结下了真挚的友谊。不久后，二人又都拜欧阳中鹄为师，同窗共砚，相互切磋，友谊进一步加深。在长沙时务学堂教习时被人们称为"浏阳双杰"。

唐才常，又号拂尘，从小喜欢交游，不拘俗习，性格豪爽，为人正直，长大以后，胸

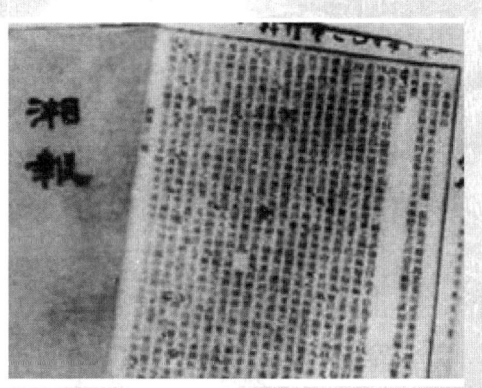

中满怀爱国热忱。中日甲午战争爆发，中国战败，给唐才常以巨大刺激，他认为必须变法才能强国，遂于谭嗣同开展维新运动。

1894年春，唐才常考入武昌两湖书院为内课生，通过课艺表达自己的政治主张，所论多切中时弊；每次考试都名列前茅，深得张之洞的器重。1897年与谭嗣同在浏阳兴办算学馆，提倡新学，在长沙办时务学堂，编辑《湘学报》。次年又创办《湘报》，宣传变法维新。

1898年，与谭嗣同创办南学会、群萌学会，成为南方维新变法的重要人物。同年夏，欲赴北京参与新政，行至汉口，得知慈禧太后发动戊戌政变，维新失败后逃往日本。

1900年7月，唐才常邀集社会名流和会党首领在上海张园召开国会，宣布"保全中国自立之权，创造自立中国，请光绪帝复辟"。会后亲赴汉口，组织自立军，达

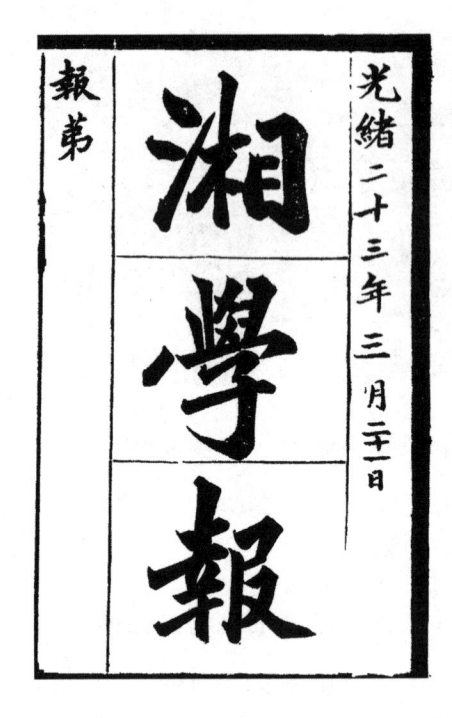

到十万人，自任总司令，总机关设在汉口。

正当唐才常等人紧锣密鼓进行部署之时，磨刀霍霍的张之洞先发制人，派兵数百人包围了设在英租界李慎德堂的自立军总部和宝顺里唐才常住所，将他与林圭等三十人逮捕。

8月23日夜，张之洞身着便装走进单身牢房来看望他的门生，实际上是前来劝降，他说："在这千钧一发的时刻，我是否还能尽我的能力，想个办法，将你救出绝境？"唐才常仰天大笑："不就是你下令捉我到这儿来的吗？"

张之洞咬紧牙关答道："是的，是我下的令。可是，你勾结会匪，私立国会，妄称要建立新国，犯下了这等大逆不道的罪行。"

"全是欺人之谈！"唐才常挺起胸来大声反驳道："罪行？我们犯了什么罪行？哥老会已存在数十年，从无明文禁止，怎能随便诬人为匪？至于什么成立国会，建立新国，那就更不是什么罪行了。难道华盛顿、杰斐逊有罪吗？法兰西共和国的建立者们有罪吗？总督大人不是亲自提倡'中学为体，西学为用'，今天怎么一听到创国会、立新国，反过来镇压革命党人呢？为了保全禄位，竟不惜反复如此，真令我为大人羞愧不已！"

张之洞气急败坏，恼羞成怒，于当晚将唐才常等二十人押赴武昌紫阳湖畔。临刑前，唐才常大义凛然，毫无惧色，口出一联：

"七尺微躯酬故友，一腔热血溅荒亡。"

他追随谭嗣同亡魂西去，实现两人生前"生同志，死同烈"的誓言。这位"新世纪率先倒下去的英雄"逝世时年仅33岁，现今浏阳市的"才常路"就是为了纪念他而命名的。

上海张园

博览群书

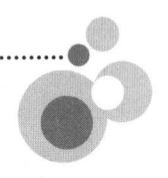

谭嗣同5岁开始读书，时间不长就能准确地分辨四声，与人应对作诗。他不用教师督促，自觉地把所学的内容全部背诵下来。

谭嗣同是一位不一般的读书人，他读书范围很广，什么样的书都看，所以当时人们评价他读书博杂。

当时许多读书人为了应对科举考试，读的书仅仅就是四书五经，这些儒家经典。谭嗣同当然也读四书五经，但

墨子像

是他还读《庄子》《墨子》《吕氏春秋》《淮南子》等书籍，特别是《墨子》。《墨子》一书是后期墨家的著作，继承和发展了墨子的功力主义思想，把"功利"看作衡量是非和善恶的标准。《墨子》的思想把谭嗣同引导到另一个广阔的天地。之后，他又深入研读了佛学，和大思想家王船山的著作。

不仅如此，谭嗣同当时还读大多数人嗤之以鼻的西方科学书籍。谭继洵到湖北任巡抚的时候，谭嗣同也随其到了武汉。当时的湖广总督张之洞正在兴办洋务、建工厂、开学堂，还办了许多报馆和书局。这里流行的西方书籍也就很多，谭嗣同就在这里，对西方的"西人格致之学"产生了兴趣。

此后，谭嗣同又在上海结实了英国著名汉学家傅兰雅，傅兰雅为谭嗣同的求知欲所感动，邀请谭嗣同参观他的实验室。在他的实验室里，谭嗣同看到了万年以前的化石，有三叶虫，古林木等，还看到了许多精密仪器，其功能谭嗣同连做梦也没有想到。

通过与傅兰雅的交谈，谭嗣同更加地认为：天地真是日新月异，事物无一刻不在变化。今日之神奇，明日即为腐臭，还自以为万能，不思变革，就只能进历史的垃圾堆了。因受到他的启发，谭嗣同开始钻研数学书籍。

谭嗣同对数学的确下过不少苦功，他曾钻研过不少数学书籍，像《算法十书》《梅氏历算丛书》《几何原本》《数理精蕴》《中西算学大成》等。

1896年，傅兰雅与华蘅芳出版了新译的概率论著作《决疑数学》，谭嗣同即托友人到上海代购，并且购买三角、对数、开方用表及立体几何模型。虽然谭嗣同并未系统接受西方教育，但他能够自觉地接受西方科学新技术，尤其是注重最基本的数学学科，在一百多年前的中国，可算是极富有见识了。

谭嗣同从西方科学书籍中介绍的天体运行、地球自转、生物衍生、地质变迁等自然观中悟出了物竞天择、优胜劣汰的自然进化原理。这也为维新思想的萌发奠定了思想基础。

傅兰雅

结识王大刀

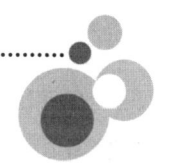

谭嗣同不爱读教条的经书、作死板的八股,却崇尚不拘泥于俗套的侠义人物。有一次在庙会上他见到一个人,背后斜插着一把大刀,说起话来声如洪钟,发出的笑声琅琅入耳。谭嗣同觉得他身上有一股巨大的吸引力在无形地吸引着自己。

"这是谁?好威武啊!"谭嗣同禁不住问身旁的同伴。

"这你都不知道,他就是大刀王五,风威标局的标头。他走南闯北,扶危济贫,武艺高强,名气大着呢!"

谭嗣同望着王大刀,被他的一身正气折服了,有了想要拜他为师的念头。

"王大侠,听说你行侠仗义,武功高强,我想拜你为师。"说着谭嗣同深深一揖。眼见华光一闪,来人拜在自己面前,王五心里一阵不悦,不知哪家公子哥又跑来

中华爱国人物故事

大刀王五

讨没趣。可是，当谭嗣同抬起头来，对视他的时候，他一下怔住了。这少年除了衣着华丽，还有一脸正气，特别是他炯炯的双目中透着一种豪气，凝重的眉宇间露着一种威严，这豪气和威严是与自己相似的！他心动了。

"你是富家子弟，怎么能拜我这乡野武夫为师？"

"穷富都是一样的人，我学好了武艺，也跟着你去帮助穷人。"

"好，说得好！我就破例收你这个徒弟。"

王大刀本名王正谊，字子斌，祖籍河北沧州。因他拜李凤岗为师，排行第五，人称"小五子"；又因他刀法纯熟，德义高尚，故人人尊称他为"大刀王五"。王正谊一生行侠仗义，曾支持维新，靖赴国难，成为人人称颂的一代豪侠。位列民间广泛流传的晚清十大高手谱中，与燕子李三、霍元甲、黄飞鸿等著名武师齐名。

由于王五来自民间，谭嗣同与他的结识，使他了解到许多他原来毫不知晓的发生于民间的事，也使他间接地了解了老百姓的艰难困苦。谭嗣同也是一个豪爽之人，因此两人一见如故，虽是师徒关系，竟成了忘年之交（王五比谭嗣同大10多岁），到后来又发展成生死之交。

1898年，戊戌变法进入高潮，谭嗣同应诏入京，任四品军机章京，参与变法。在此期间，王五担负起了谭

大刀王五镖局遗址
　　据说镖局的大门过去可以进马车，现在只能通过一个人。

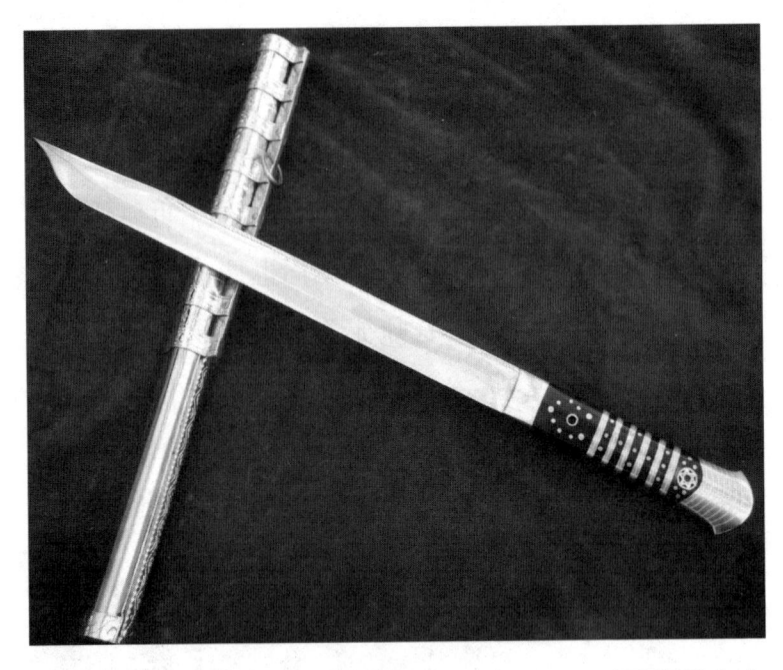

嗣同的衣食住行和保安工作。变法失败后，谭嗣同为表白自己变法的决心，醒悟大众，甘愿受捕。王五得知后心急如焚，多方打探消息，买通狱吏，还广泛联络武林志士，密谋救谭嗣同，却被谭嗣同坚决拒绝了。9月27日，谭嗣同等"戊戌六君子"被监斩于宣武门外菜市口，王五得知后悲痛欲绝。为了继承谭嗣同的遗志和复仇，王五多次组织人员进行暗杀活动，终未果。

厌恶科举

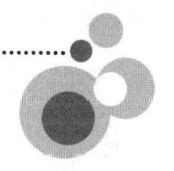

和所有的官宦家庭一样，父亲希望谭嗣同能够通过科举考试，获得功名。然而，谭嗣同却对科举制度十分厌恶。他的老师欧阳中鹄说过，八股取士的科举制度应该取消。另外一位老师涂启先也没有什么功名，却是满腹经纶的饱学之士，这些都或多或少地影响了谭嗣同，谭嗣同从小就不喜欢作八股，他还称那些热衷科举的读书人，是"鄙儒""腐儒"。

谭嗣同每天习武看"杂"书，自然招来父亲的责难。有一次父亲亲自到了他的书房，只见墙上挂着各式各样的刀剑。书案上放着剑谱、刀法。一摞摞看过的书大都

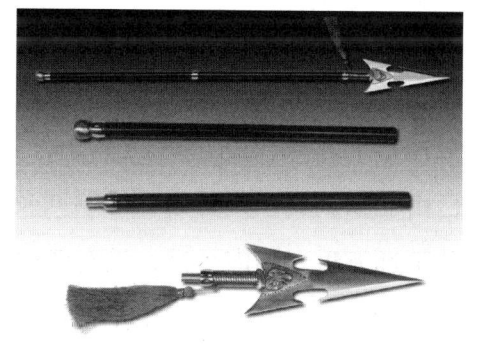

是文集、诗集和历代掌故、故朝沿革之类，他辛辛苦苦找来的八股样文落满了灰尘。再看看谭嗣同的习文、笔记、心得，除了诗赋，就是政论和驳议，找不出几篇八股，老爷子发怒了。

"你自己说说，你每天都干了些什么，看了些什么？你到底还要不要功名？不为你自己，也为你死去的母亲想想，你们三兄弟，就剩你一个人，你再不努力，我们谭家可要……"父亲又是气愤又是伤心竟说不下去了。

谭嗣同没有争辩，也没有表白，就那么站着，听着，一句话也没说。

"从明天开始，你给我好好用功，我定期来检查。"说完，父亲就走了。

父命难违，谭嗣同不得不耐着性子背经书，怀着怨恨作八股。1885年谭嗣同第一次参加科举。这时谭继洵已由北京调到兰州任官，谭嗣同及家眷也随父亲到兰州，他不远万里到湖南乡试，没有考中。

1888年谭嗣同第二次回湖南考举人，不用说又是名落孙山。那一天，他怀着极度压抑的心情回到兰州，想到父亲那张不快的脸，他放慢了脚步。一进家门谭福就告诉他："老爷和太太正在大厅里等你呢。"

他原打算先向家人问安，再向父亲请罪。然而，当他目光触到父亲脸上的不满，特别是继母脸上的那种幸灾乐祸的神态和妻子脸上那种凄苦与不安，他一下被激怒了。为什么非得博得于事无补的功名，即考不取，又有何过？

回到书房，谭嗣同只觉得书案上那一本本经书分外刺眼，好像一把把杀人不见血的屠刀，他拿起笔来，在经书上一连写了几个"岂有此理"，以泄心头之恨。

谭嗣同当年居住的"莽苍苍斋"

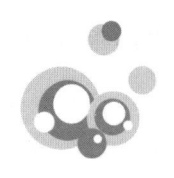

至死不渝的爱情

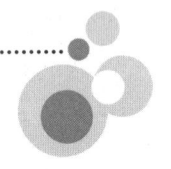

1883年,谭嗣同19岁,与长沙李寿荣的女儿李闰结婚。在那个时代,纳妾是很正常的事情,但是谭嗣同冰雪情操,著文反对纳妾,而且严以律己。他们仅有的一个儿子兰生早年夭折,但他和李闰仍然相敬如宾,伉俪情深。

江湖多风波,道路恐不测。谭嗣同北上后,牵肠挂

谭嗣同故居主卧

谭嗣同故居

肚的李闰曾对月焚香，祈求远行的丈夫顺利平安。"如有厄运，信女子李闰情愿身代。"真是弱女子的真情，烈女子的至性！而谭嗣同在长沙写给李闰的信，称谓是亲切的"夫人如见"，以"视荣华如梦幻，视死辱为常事"相劝勉，似乎有某种预感，而意欲让李闰有思想准备。以上所引的留别诗更有珍重与托付之意。果然，不久噩耗传来，李闰痛失良人，终日以泪洗面。她年年在谭嗣同的忌日悼亡赋诗，有悼亡诗一卷留于浏阳天井坡谭家祖屋，可惜后来下落不明。流传至今的一首七律《悼亡》，今日读来仍然令人一洒同情之泪，而想见作者当年之痛断肝肠：

盱衡禹贡尽荆榛，国难家仇鬼哭新。

饮恨长号哀贱妾，高歌短叹谱忠臣。

已无壮志酬明主，剩有史生泣后尘。

惨淡深闺悲夜永，灯前愁煞未亡人！

谭嗣同牺牲后，李闰自号"臾生"，表示自己含悲忍辱暂且苟活之意，并写诗道："前尘往事不可追，一成相思一层灰。来世化作采莲人，与君相逢横塘水。"

为了尊重和纪念先烈，她从他们原来的卧室中搬出，住到与谭继洵卧室隔天井而相对的房间里。李闰养亲抚侄，含辛茹苦，热心社会公益事业，创办了浏阳前所未有的女子师范学校。1925年逝世于"大夫第"，享年六十岁。

大夫第厅堂之上原悬有"巾帼完人"的匾额，那是康有为与梁启超祝贺她六十寿辰合赠，后来也被毁坏。李闰还悉心将谭嗣同的多种遗物，封存保管在阁楼之上，后来也不知所终，令人扼腕叹息。

十年漫游

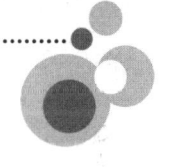

谭嗣同从小就有"旷观天下名山万迭"的愿望。1884年，他离家远行，开始了他一生中的一个重要时期——十年漫游。

1884年，中法战争爆发，西方帝国主义开始了大肆扩张，疯狂叫嚣要瓜分中国。清政府在战场上和外交上首鼠两端。对此，谭嗣同不能理解，感到十分困惑。为了探索一条改变中国

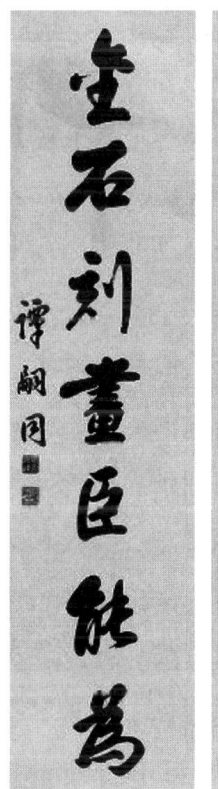

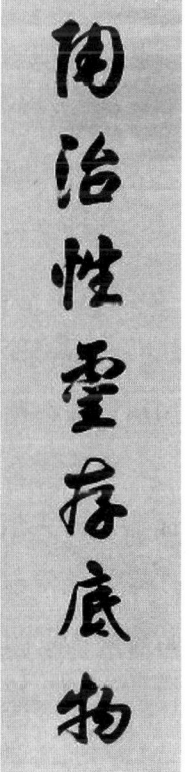

中法战争

现状，而能与西方资本主义国家并驾齐驱的途径，他开始漫游各地，结交志士，访问民情。这次漫游，行程八万多里，按照谭嗣同的说法是"堪绕地球一周"了。

他的足迹踏遍直隶、新疆、甘肃、陕西、河南、湖北、江苏、安徽、浙江、台湾等地，耳闻目睹了民不聊生，路有饿殍的惨景。因此，谭嗣同发出了"风景不殊，山河顿异；城部犹是，人民复非"的哀叹。

在安庆，当他看到由于湘军屠杀太平军、炮轰火焚而造成的人烟稀少、凋零破败的景象后，便写下了"霜严露冷狱常事，劫火烧草残不肥"的诗句，来表达他对封建统治者的愤慨。对劳动人民苦难的同情和爱国热忱，使他能在一定程度上接近社会下层。劳动人民反封建斗争精神的濡染，开阔了他的视野，使他的思想富于斗争性。漫游中，他还到处寻师问学，探求救国救民的良方。

在这十年中，他还刻苦攻读中国古代进步思想家的著作，阅读西方资产阶级的政治、历史、地理，及自然科学书籍。他对洋务派的"船坚炮利"政策深感不满，认为它不能富民强国，不是救国之道。要救中国，只有学习西方资产阶级的政治制度，发展民族工商业。在《报贝元征》的一封短信中，他明确提出了变法以富民强国的政治主张。在《三十自述》中，他又总结了自己十年漫游的青年时代生活，表示要轰轰烈烈地干一番变法改革事业。

浏阳赈灾

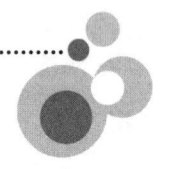

1894年9月的一天,"大夫第"门前熙熙攘攘地挤满了人。他们一个个衣着褴褛,面带肌黄,有的手里拿着碗,有的手里端着盆,还有的只拿了块打破的瓦罐。这时,前面站出来一位白衣公子:

"乡亲们,大家不要挤,按顺序站好队,先让一让老人和孩子,马上就开始放粥了。"说完,他就和几个人一起下来归拢队伍。

"你们知道吗?他就是巡抚大人的公子。"

"是吗?听说这次赈灾的粮就是他去安徽买来的?"

"可不是吗，他帮着筹了钱，又亲自带人到安徽，跑了许多地方才把米买回来，要不然咱们就等着饿死吧。"

"多谢谭公子！多谢谭公子！"人群里不断有人致谢。

一位老人拉着小孙子给谭嗣同跪下："公子，你可是我们的救命恩人啊，我们家8口人就剩下我这把老骨头和这个小孩子了，若不是你买回粮来，我们家可就绝根了。"

这是怎么一回事呢？

原来由于清政府封建政权的腐朽，水利废弛，造成连年灾荒。水、旱灾害，遍地发生，尤其直隶、山东、甘肃、湖北、湖南的灾情为数十年内所未见。直隶天津一带，洪水为灾，连日大雪纷飞，灾民饥寒交迫，冻死、饿死无数。湖南湘东各县，遭受大旱，庄稼颗粒无收。老百姓只能挖野菜，野菜挖光了就啃食树皮，最后连树皮都没有了，只能以观音土充饥，不少饥民全身水肿，奄奄待毙。浏阳河两岸，横七竖八抛弃着无人掩埋的尸体，任其腐烂发臭。湖北宜昌等地，春夏干旱，秋季下雨数日不停，粮食全都烂掉了，农民也只有背井离乡四处逃荒，沿途卖儿卖女，婴儿被抛弃路旁，无人收留。

谭嗣同和他的老师欧阳中鹄等人此时正多方努力筹办算学馆，看到灾情如此严重，而当时的县令为保住官位却瞒报了灾情。虽说这事轮不到谭嗣同来管，但是还

谭嗣同故居

是决定停止筹办算学馆的运作，全力赈灾。

当时，谭嗣同的父亲谭继洵是湖北巡抚，谭嗣同从父亲那里借了些钱，在汉口买了米后，船运到浏阳。因为买米的钱是借来的，要还。谭嗣同决定"以工代赈"，就是让农民挖煤或挑柴火来换米。谭嗣同收了煤和柴后，再让人运到长沙去卖。消息传出后，每天挑柴或煤来换米的络绎不绝，状元洲柴火堆积如山。

"以工代赈"只能解决短时期的问题，要彻底补救灾害给浏阳造成的损失，还要想别的办法。谭嗣同是个脑子很灵活的人，他派人到耒阳买红薯种，在当地种，把红薯苗割回来，发给乡人种。虽然这些办法不能完全解决灾难给人民带来的苦难，但也在一定程度上解决了灾民的温饱。

后来，湖南巡抚陈宝箴盛赞浏阳：屯煤种薯，以工代赈，是办赈奇策。这个奇策就是谭嗣同想出来的。

买来的候补知府

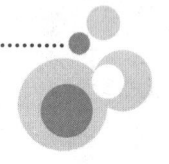

谭嗣同(右)

谭继洵就任湖北巡抚以后，一方面感到他与原配夫人徐五缘所生的三个儿子，只剩下谭嗣同一个人了，对他寄托着深切的厚望；另一方面，由于谭嗣同打心眼里厌倦经书八股，虽然在他的督促下又参加过五次科举，但都没能考中，又发誓永不考科举，这让他感到非常的失望。

虽然他深知八股取士的荒谬和科举制度的积弊，但是儿子放弃科举不入仕途，这会引起官场间的轻视。既然谭嗣同不愿意再参加科举，就得想办法走其他的途径进入仕途。

在清朝想要进入官场的有三种主要途径：

第一就是通过科举考试进入官场，这叫正途，是当时最受人尊重的。

另外一种途径就是由捐钱而获得功名进入官场，这叫异途，人们对这种出身是看不起的。

还有一种就是靠军功入仕的。

谭继洵看到儿子不想走正途，军功入仕又不可能，只能走异途了。他花钱给谭嗣同捐了个候补知府的头衔，但是想要当正式知府，还要等待别人的位置空了才可以。

谭嗣同深知官府的黑暗，他特别厌恶官场上那种虚伪逢迎的习气，因此他对这个候补知府的头衔特别不感兴趣，也就谈不上去活动，争取早些获得实际的知府位子。所以直到维新变法前，他一直是个候补知府。

从保守到激进

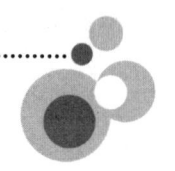

中国遭到法国的侵略，激发了谭嗣同的爱国热忱，作《治言》一篇以示气愤。他认为中国要立于不败之地，必须讲求武器的制造，同时还要训练新式军队来掌握新式武器。对于中法战争，他坚决主张抵抗，反对妥协，反对苟且偷安。

随着中国资本主义的产生，一些受过西方资本主义影响，或直接接受过西方资产阶级教育的上层知识分子，代表着正在形成中的中国民族资产阶级的利益，不满意清朝封建政权的腐败，要求学习西方的新式的生产技术、科学知识和经济制度，并提出了一些带有资产阶级性质的改良主张。尽管他们的思想与洋务派的思想还具有一定的相同点，但是他们要求发展民族资本主义的愿望，与洋务派对新式企业的封建性专利垄断政策在本质上还是对立的。谭嗣同这时候虽然也主张学习西方，但对于

怎么发展中国的民族资本主义，还不十分明确，也没有脱离"中学为体，西学为用"的思想。

经过中法战争，在军事上取得胜利的中国，居然主动向战败国投降了，全国人民无不义愤填膺。一些知识分子更加清楚地看到了清政府封建统治的腐败，和洋务运动的种种弊端。早期资产阶级维新派的思想，日渐成为一种进步的社会思潮。谭嗣同受到了这种进步思潮的影响，促使思想上有了很大的转变，提出了"尽变西法"。

谭嗣同有个朋友叫贝允昕，当谭嗣同提倡西学受阻时，给谭嗣同写了一封信。信中把甲午海战北洋水师的覆灭，看作是洋务派办"洋务"、引进西方先进的军事科

学技术的恶果。贝允昕代表的就是愚昧落后、仇视任何新生事物的顽固守旧派。谭嗣同回复了一封很长的信，里面强调只有维新变法，才能挽救民族危机。信中充斥着强烈的爱国主义激情，提出了一系列维新变法的具体措施，充满了反封建的战斗精神。这封信反映了谭嗣同思想的急剧地动荡和变化，奠定了以后构造一个《仁学》的思想体系的基础。

中日甲午战争的硝烟烈火，给中国带来了严重的民族危机，也猛烈地刺激了有着强烈爱国主义思想的谭嗣同，促使他重新学习和思考，探索救国救民的道路。

中日甲午战争战景

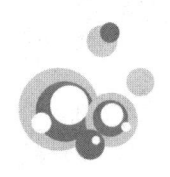

创建算学馆

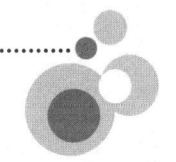

在近代中国思想家中，谭嗣同是非常重视数学思想的一人。谭嗣同认为，近代科学的兴起，与数学思想的发展有着必然的联系。不仅科学如此，谭嗣同进一步认为，论事办事也不能缺乏数学思想。

1895年，清政府在海军覆没、陆军溃败的情况下，统治集团中的主战派也不反对议和了。在美帝国主义的操纵下，1895年4月17日，清政府被迫签订了丧权辱国的《中日马关条约》。《中日马关条约》标志着帝国主义列强对中国的侵略进入一个新的时期，给中国人民套上了一具新的枷锁。《中日马关条约》签订的消息传出以后，全国人民无不义愤填膺，掀起了反对割地投降的浪潮，拒和废约、迁都再战的吼声震荡在北京上空。正在北京应试的各省举人，以康有为为代表，上书光绪皇帝，要求变法，并初步提出了一个按照资产阶级要求的改革

中华爱国人物故事
ZHONGHUA AIGUO RENWU GUSHI

签订《马关条约》

政治、改变国家面貌的纲领，吹响了维新运动的号角。

在甲午战争之前，中国也已经进行了三十年的洋务运动，但中国的洋务运动却无法使国家强大到对抗日本。谭嗣同否认洋务运动的实际效果，他认为中国的所作所为，不过是旁枝末节，而且学人思想顽固守旧，排斥新思想，成为发展洋务的极大障碍。

育人才，开实学是谭嗣同认为眼下最急需下手的事情，而实学又脱离不了数学知识，所以谭嗣同将实学的教育落实在开算学馆，培养数学人才。

与谭嗣同有相同想法的，还是其好友唐才常、刘淞芙，当时唐才常和刘淞芙就读于两湖书院。唐才常经常与谭嗣同讨论时局，慢慢一起形成办实学、育人才的想法。唐才常与刘淞芙二人回到家乡浏阳时，将其想法告之乡人，人们大都漠然视之。当时浏阳仍是一个思想相当守旧之地，学子们依旧沉浸在圣贤书中，无人理解二人的做法。

此时，谭嗣同想起了其恩师欧阳中鹄。欧阳中鹄在浏阳颇有名望，而且思想开明，再加上师承关系，谭嗣同试图通过欧阳中鹄来影响浏阳的士绅阶层来支持其开设算学馆的计划。于是，谭嗣同给欧阳中鹄写了一封长达两万多字的信，阐述其对时局的分析以及开办实学的思想和倡立算学馆的计划，建议将浏阳的南台书院以部分经费兴办算学与格致。

欧阳中鹄收到谭嗣同的信后，为信中痛言时局岌岌

两湖书院

格致书院，中国近代著名书院。

可危的激昂慷慨情绪所感动，表示愿意支持谭嗣同"育人才，开实学"的打算。但他并不赞成"尽变西法"。他认为："将来开算学馆，除习算学外，仍以读十三经，崇我圣道。"他想把谭嗣同革新教育的计划，限制在为封建政治、伦理道德所允许的范围，以"中学"为根本，辅以"西学"，在封建的传统教育里装点一点自然科学的知识，来挽救摇摇欲坠的清朝封建统治。他在信中作了27处批跋，并且将谭嗣同的信与其批跋一起刻印为单行本，名为《兴算学议》。除了致信欧阳中鹄外，谭嗣同又写信给另一位恩师涂启先，也得到涂启先的支持。

除了寻求学绅的支持外，办学经费的筹集也是当务之急。谭嗣同精心筹算了算学馆一年的开支：

租赁馆地每年需20千钱；聘请总教习，200千钱；聘请数学教员1人，130千钱；供应学生伙食费，每人每日40钱，年144千钱；雇厨役、杂役各1人，每年工钱与伙食费59千钱；总教习与教员的年伙食费29千钱；剩余17千钱作为平常一些开支。以上的开支还不包括买书的费用。

中国最早的科普期刊诞生于1876年2月9日，刊名为《格致汇编》，主编为时任江南制造局翻译馆编译傅兰雅。

算学馆

谭嗣同亲自为算学馆撰写《开创章程八条》与《经常章程五条》。《开创章程》主要是开创算学馆的经济开支预算，以及聘雇招生人数。《经常章程五条》，详细规定总教习、教员、学生以及杂役的职责与义务，此《经常章程》，饱含谭嗣同对学子求实学、做实事的切切期望。

由于经费所限，原来谭嗣同设想的算学馆，是只有10名学生的小学馆，由于欧阳中鹄的支持，建议将原来浏阳的南台书院改为算学馆，扩大算学馆的规模。然而，此事在浏阳遇到了极大的阻力，这其实早已在谭嗣同的料想之中。

当时有这么一件事，可以看出保守力量的强大。湖北有一个学习工科的考生，叫陈长权，参加科举考试考取甲科，依清代规矩，还要参加廷对。陈某考虑到自己的学问没有胜人之处，所以便投朝廷所好，在廷对时大肆攻击洋务之学，结果竟然得到朝廷的欣赏与录用。

为了排除地方阻力，谭嗣同会同唐才常、刘淞芙、涂质初、罗召甘等人，上书湖南学政江标，以谋求江标的支持。江标对谭嗣同等人倡立算学馆之事极为赞赏，批文表示支持。

当时正值一年一度的会试时间，江标的批文一出，引起了强烈的反响。当时，反对洋务、标榜正统的学子文人一片哗声，对浏阳算学馆一事大不以为然，诋之为妖异，坚决与之划清界限，并且相互告诫抵制算学馆的余毒。在这种情况下，作为湖南学政的江标表现出其开明的一面，对于会试中的试卷，只选取其中切合时务者，对于迂谈腐论的儒生，则坚决弃而不用。江标对新学的

态度，使得儒生们对于新学的书籍，也不得不稍加重视而阅读。作为算学馆最初提倡地的浏阳，学子们更加感到欢欣鼓舞，之后浏阳每年参加算学洋务的会试人数，在湖南各州县中推为第一，这与谭嗣同、唐才常等人对数学教育的重视是分不开的。

然而虽然有江标学政的支持，算学馆的筹办仍然遇到许多困难。江标致信浏阳知县，请愿准允将南台学院改为算学馆，但是在浏阳，当地的士绅仍然持反对意见，使得算学馆筹办之事，一再拖延，加上官府办事效率低下，文书往返占用了许多时间。谭嗣同、唐才常等人也竭力邀请当地士绅长者，从长计议，花费了几个月的时间后，总算是取得了进展，筹备工作渐渐就绪。

然而事情往往一波三折，就在算学馆筹备就绪之时，

格致课艺汇编

浏阳县发生了罕见的旱灾。因为赈灾，南台书院（当时尚未改为算学馆）决定停课一年，将学院的资金，全部捐献给赈灾局，以作为赈灾用款，这样，算学馆的筹办，又不得不暂停。

尽管浏阳算学馆因故一再延迟开办的时间，然而却对开拓湖南学界新风气，有着极深刻的影响。陈宝箴出任湖南巡抚，见到谭嗣同的《兴算学议》，大为赞叹。他写信给欧阳中鹄，对谭嗣同予极高的评价。下令将谭嗣同的《兴算学议》刻印1 000本，发给湖南各地的书院，对湖南书院教育的转型起了非常大的作用。在浏阳算学馆开办思想的影响下，湘乡东山书院率先改为专授算学与格致，整个湖南的教育渐渐转向实学，湖南也慢慢地从全国最保守之地转变为维新先锋。

由于赈灾工作，算学馆被迫暂缓开办，然而代之而起的是数学学会的兴起：算学社。算学社最早由欧阳中鹄纠集十余同志发起，聘请晏壬卿为教师，之后算学社迅速发展扩大。所以，算学社的成立，可以说是算学馆的先声。

冲决网罗

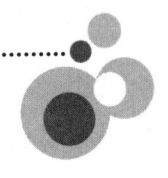

谭嗣同从上海到天津，又从天津到了北京，但这时北京的维新运动已经沉寂了。为反对《马关条约》领导公车上书的康有为、梁启超也都已经被迫离开了京城，谭嗣同非常失望。

过了几天，父亲从湖北发来电报，他花钱给谭嗣同

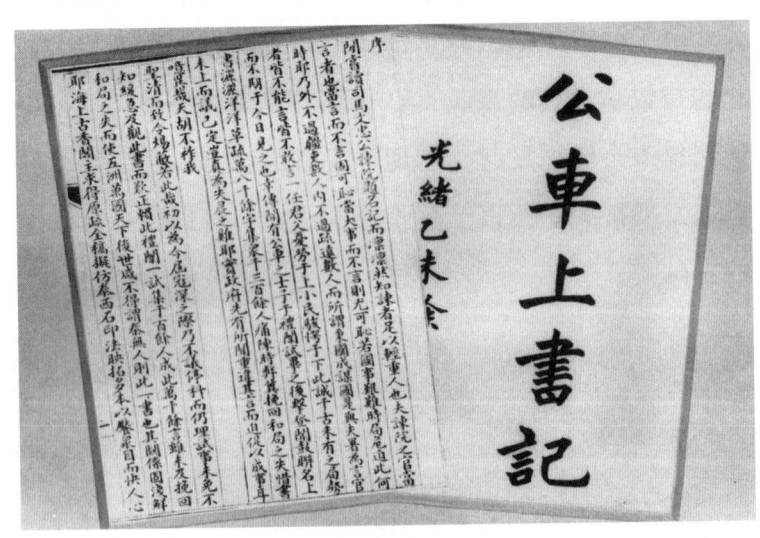

买了个候补知府，催谭嗣同去南京候任。谭嗣同也打听到康有为、梁启超等人，又在上海搞起了维新活动，于是他又踏上了南返的旅程。

1896年7月间，谭嗣同到了南京，就任江苏候补知府。但他视功名利禄如浮云，更讨厌官场上的趋势奉迎，特别是每日的打躬作揖、例行公事，使谭嗣同感到非常无聊。和那些官僚政客在一起，他感到很压抑。

这时著名的佛学家杨文会寄居南京，谭嗣同时常与

杨文会

康有为起草《公车上书》的地方

杨文会相往来。杨文会不仅精通佛学的唯识宗教义，并且随曾纪泽两次出国，对英国、法国的资本主义政治制度和西方先进的科学技术也有所考察，回国时还买回了一批自然科学的实验仪器。杨会文赞成维新变法，对顽固守旧很有意见。谭嗣同对他非常钦佩，时常听杨会文纵论天下大势，侃侃而谈外洋情事，评论国际时事以及佛学心得。谭嗣同在这期间增加了不少关于西方资本主义的社会制度、政治学说以及自然科学的知识，阅读了不少佛学经典。这可以说是他在南京候补时期的意外收

梁启超

获。

在谭嗣同的老熟人吴樵的帮助下，谭嗣同、梁启超这两位维新运动的领袖相遇了。梁启超此时还不了解谭嗣同，但是，当他得知谭嗣同以巡抚公子的身份北游、南巡追求救国救民的真埋，深为感动，热情地接待了谭嗣同。

"梁兄以少年举子之身，毅然放弃旧学，追求新知，又打破禁令，公车上书，真让复生佩服！"谭嗣同说着站起身来抱拳施礼。

万木草堂是康有为为了宣传其维新变法思想和培养变法人才而创办，是戊戌变法策源地。

"谭兄过奖了，快请坐。"梁启超忙站起来还礼，"我18岁中举人，主考官见我少年有成，把妹妹许配给我。所以，时人有'少年科第，佳人上门'之称。可是就在那一年，我遇到了康先生，他为我讲述其新学所得，令我耳目一新，我当即决定放弃旧学，拜康先生为师。"

"康先生的新学一定很深了，请梁兄赐教。"

"康先生遍读西书，认为西学强于中学，主张学习

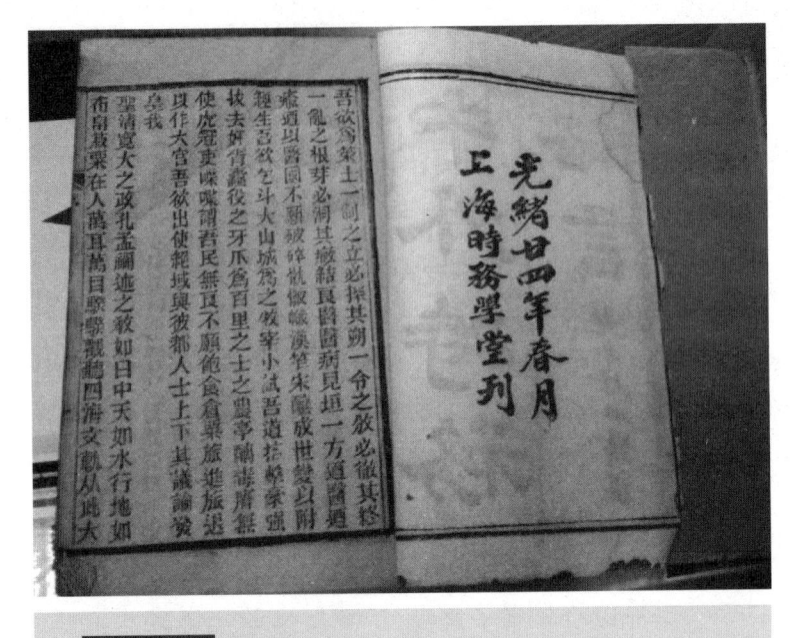

时务学堂刊

西方各国先进的制度，改革中国社会。通过改革使民情上达，君民相通，使工商交通业大发展，国家富强，而国富则兵强，列强再不敢欺侮我们。"

"对，对，我也是这样想的。"谭嗣同终于找到了志同道合的人，心中异常兴奋。"先生有何具体改革良策？"他又问。

"先生这些年的活动基本上是办学堂培养新式人才，办报纸扩大宣传，建学会议论新政。近来他又几次上书皇上，希望皇上支持变法图存的主张。如果那样，先生主张开制度局于宫中，取代朝廷原有的军机处，成为最高议事机关,全面推行改革。"

谭嗣同听到这些主张心花怒放:"太好了,我非常赞同先生的主张。我虽不是他的亲授弟子,但我遵循他的思想变法维新,以后我就算是他的私淑弟子吧。"

谭嗣同、梁启超二人相见投机,谈吐倾心,从此埋下了友谊的种子。

1897年3月,谭嗣同完成了《仁学》的写作。4月,他带着草稿到上海找梁启超征求意见。这时他和梁启超已交往过多次,也不似第一次见面那样客气了。

"卓如(梁启超的字),我的《仁学》写好了,你来提提意见。"谭嗣同直抒来意。梁启超接过书稿,翻开第一页就禁不住叫出声来:"冲决伦常之网罗!冲决君主之网罗!复生,你好勇猛啊。"梁启超用一种惊奇的目光看着谭嗣同。

"我认为中国的三纲是杀人不见血的魔王,大臣必须服从君主,儿子必须服从父亲,妻子必须服从丈夫;君要臣死,臣不能不死,父要子亡,子不能不亡,夫唱妻不敢不随。这样的教条,像沉重的锁链,牢牢地捆着人们的手脚。可怜我们中国人,多少年来有泪含在眼里,有苦埋在心头,连吭一声的权利都没有,不知断送了多少人的青春,牺牲了多少人的生命。我们今天要变法维新,要打破这条锁链,还人们自由!"

谭嗣同说到这里停了一下,他见梁启超满脸激情,听得全神贯注,又接着说:"人类之初,本没有君、民之分,后来大家需要一个管事的人,才公推一人为君。君实质上是为民办事的管家,他不能骑在人民头上作威作福。多少年来,君主像强盗一样窃夺了国家的大权,欺压人民,鱼肉百姓,这样的君主专制制度,我们为什么不可以冲它一冲!"

谭嗣同边说边挥动着拳头,好像那专制体制下的君主就在他面前,他要一拳将他砸烂。

"复生,你真是冲决网罗的勇士!虽然,我和康先生倡变法维新于先,但绝没有你那样的力量。今后,为了变法图强这个大目标,让我们一起战斗吧!"说着他紧紧握住了谭嗣同的手。梁启超留谭嗣同住了几天,仔细研究了《仁学》的每个篇目,提出了一些修改、补充的办法。

《仁学》是谭嗣同留给后人的一份宝贵精神遗产,虽然在当时没有刊行,但作为刺向封建专制主义的一把利剑,其精神和内容已在维新志士中传播,成为他们同顽固派斗争的思想武器。

创作《仁学》

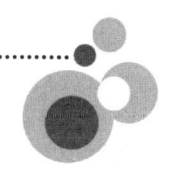

谭嗣同将佛学、西学和王夫之、黄宗羲等人的思想，以及过去学到的儒家、墨家等学说，杂糅在一起，于1897年完成了五万字的《仁学》一书。《仁学》抨击封建专制制度和封建的纲常名教，以宣传资产阶级民主思想及反清思想为核心，全面地展示了谭嗣同关于哲学、社会政治、民主及反清思想等方面的思想。

谭嗣同的哲学思想体现了鲜明的唯物主义倾向。中国历史上的思想家在回答世界的本原是什么时，尽管有不同的回答，但大多数人都未能摆脱唯心主义的羁绊，认为世界是由精神属性的东西构成的。谭嗣同根据自己对西方自然科学知识的了解，提出"以太"是世界本原的学说。

远在数千年以前的古希腊，华达哥拉斯派提出了"以太"这一概念。19世纪中叶，英国物理学家马克斯威

尔创立电磁理论时，曾假定"以太"是一种传导电、光、热、磁的媒质，并用以说明物质的相互关系与物质运动的连续性。不久，严复和英国传教士傅兰雅把"以太"的概念传到中国。谭嗣同从中国古代哲学中找出"仁"这个伦理学范畴，加以改造，拿来与"以太"相配合，以自然规律来解释客观世界的复杂现象。认为世界上各种现象的关联、变化、结合与依存，都是"以太"的作用，并且把"以太"这种沟通世界成为一个整体的作用称作"仁"，而"仁为天地万物的本源"，所以把这种学问叫作"仁学"。

谭嗣同力图说明"以太"是不生不灭的，永存的，这种不生不灭的存在是不受任何超自然的神秘力量所主宰的。而是随着"以太"不间断地运动和转换而处于日新的状态中。"以太"遵循一定的规律运动,整个宇宙也就以此方式永恒地存在下去。

谭嗣同对"以太"的研究是建立在他对西方科学知识的了解基础上进行的。虽然,他对光热电磁的知识十分贫乏,还没有借助科学器仪的实验进行研究,但是却为他在社会政治方面提出冲击封建网罗提供了哲学依据。

谭嗣同的哲学思想和社会政治思想是紧密联系的。他提出了一个达到理想社会的途径:仁——通——平等。他认为可以用这一命题来考察和衡量一切的社会问题。"通"就是去掉界限。"仁"的第一个根本要求就是要铲除君臣、父子、夫妇、男女、长幼等的界限,使他们均处于平等的地位、享有平等的权利。但是,中国几千年的历史都是在"君为臣纲、父为子纲、夫为妻纲","仁、义、礼、智、信"等以维护封建专制君权为核心的伦理道德的重压之下,封建帝王正是借此作为禁锢人们思想,束缚人们行为的道德准则和行为规范,使人们俯首帖耳地接受统治,维系封建王朝的长治久安。为了建立理想的社会,谭嗣同放达地发出了"冲破封建网罗"的呐喊。

谭嗣同对封建专制制度和封建意识形态的批判,不仅其深刻性和彻底性远远地超过中国历代和同时代的思想家,而且这一批判所具有的理论性、系统性和所表现出来的勇敢无畏的精神达到了那一时代的最高水平。在

谭嗣同的胸中，对祖国的热爱和对封建专制制度及封建意识形态的痛恨紧紧地交织在一起，像积压在火山之下的岩浆，奔腾而泻：初当冲决利禄之网罗，次冲决俗学若考据、若词章之网罗，次冲决全球群学之网罗，次冲决君主之网罗，次冲决伦常之网罗，次冲决天之网罗，次冲决全球群教之网罗，终将冲决佛法之网罗。然真能冲决，亦自无网罗，真无网罗，乃可言冲决。故冲决网罗者，即是未尝冲决网罗。在这里，封建的君主制度、奴役人的伦理道德、繁琐无用的考证写作诗文、包括佛教的各种宗教都被谭嗣同认作是禁锢、折磨人的罗网。应为民"取代""忠君"，把国家与国民结合起来，是谭嗣同思想的精华所在。

谭嗣同主张建立平等的父子、夫妻关系。他从男女平等、婚姻自由的思想出发，提出男女选择爱人，都要遵循两相情愿的原则，而不由得男方强加于女方。

在君臣、父子、夫妇、兄弟和朋友中，谭嗣同认为只有朋友之间的关系是最完美的，这种关系体现出"平等、自由、尊重主权"的精神。要破除"三纲"之害，首在铲除君臣关系。谭嗣同注意到君臣关系是"三纲"中的核心，实现了君臣关系的平等，铲除了封建专制制度，改变其他父子、夫妻的关系才有了保障。

谭嗣同对"三纲"的批判，标志着资产阶级对封建伦理道德的清算已经步入理论和系统的水平。就此而言，他的思想远远地走在康有为等人的前面。

谭嗣同对历代统治者以及清政府所实行的专制统治进行了深刻地揭露，表现出了浓重的民主革命的色彩。谭嗣同首先从伦理上说明了古来并无君臣，而后才有，君臣本来是平等的，君权并非是上帝授予的，借以从根本上摧毁"君权神授"、神圣不可侵犯的立论基础。他指出："起初，人类社会没有君臣之别，大家都无法治理公共的事情，因此大家推举一人做君。因为是大家推举的君，所以大家也一定可以废掉他。君，是为全体人民办事的人，而不是竭尽全体人民的生命财产供他骄奢淫逸的。"他指责秦始皇为了维护万世一姓的统治，发明了一切残酷暴虐人民的办法。而后世帝

王竭力效仿，并倡导忠君思想，为君而死。但是，"人民只有为国事而死，而绝没有为君而死的道理。"因此，古代所说的"忠"是多么的愚昧呀！"忠"，即诚实的意思，怎么能只要求臣向君尽忠，而君却可以任意奴辱臣民呢？而且，历代帝王都把忠君与爱国联在一起，口口声声说"报国"，实际上民是国家的根本，报国应是为民，离开为民而谈忠，那是本末颠倒，荒谬至极。应变"忠君报国"为"为民报国"。

谭嗣同尖锐地指出中国两千年的历史，就是"秦始皇暴政"横行的历史；两千年来的帝王，都是"独夫民贼"。皇帝的权力至高无上而人民的权力全部丧失，这是中国长期以来衰弱的根本原因。因而造成中国没有平等，没有公理，各级官吏奴役百姓残忍至极。他指出：国家的权力本来不是一个人的智慧和能力所能承担的，以区区一人，而担当亿万人的权力，就像是一人而到亿万人家里，代人谋划生产生活。这种情况就如同让小孩替有功夫的匠人砍木料，让侏儒像乌获（战国时的大力士）一样举起万钧之物。要是这样，这一人怎么能不断指而绝脰呢？因此，他主张铲除封建专制制度，建立民主政治。

谭嗣同不仅抨击历代的专制统治，而且还把抨击的矛头对准了当时的清王朝。首先，他揭露了清初统治者对汉族人民的暴行，指出那些屠杀掳掠与历史上的隋炀帝等人没有什么不同。而且，他还倡导人民学习历史上的农民领袖，揭竿而起，推翻腐败统治。过去杀死君主是天大的罪过，今天，贪暴的君主，人人都可起来除掉他，这一举动本来就无所谓叛逆。而叛逆的罪名是君主为恫吓天下人民而设立的。

虽然谭嗣同的《仁学》在他壮烈牺牲后才得以发表，但他在写作中曾请朋友阅览，他的思想和精神早已为人们所传颂。

发展工商业

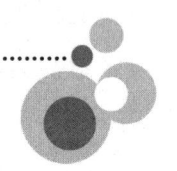

1896年春，谭嗣同随父亲到天津考察工业设施的发展状况。在那里，他看到了新引进的技术和设备，领略了资本主义的工业文明，对这些耳目一新的东西，他赞叹不绝，称赞这些设施规模宏大，至精至当。

谭嗣同把振兴工商业，发展资本主义当作拯救同胞于水深火热之中的一个重要途径。他认为只有这样，才能有充足的资金用于赈灾扶贫，使灾民们得以糊口，恢复生产，进而不断铲除造成人民贫困的根源。

但是中日甲午战争以后，世界各资本主义国家，在过去对华侵略的基础上，想进

谭嗣同塑像

一步扩大在中国的权益。在商品倾销的同时，进行资本输出。到这时，列强不仅控制了中国的海关，并逐步将侵略的魔爪伸向盐税、厘金（对生产运销过程中商品征收的捐税）和铁路建设。列强对中国的侵略和掠夺，加上清政府的腐败无能，使中国完全变成了一个半殖民地半封建的国家。

中国的民族资本主义工商业面临着空前的，来自外国资本主义的排挤和封建政府的压制，步履艰难。封建政府又对民族工商业进行刁难、勒索，使民族工商业难与外国资本主义的在华企业竞争。外国资本家利用中国的原料、廉价劳动力所开办的大型工厂，以其生产规模大、产量高、成本低的雄厚优势压倒了中国工业。在商品纳税方面，外国资本主义可以享受清政府的优待，而中国商品在流通过程中关卡重重，捐税繁多，这样就使得资金少、技术设备落后的中国民族工商业，在与外国资本主义企业的竞争中毫无优势可言，而处于经常亏损乃至破产的境地。

谭嗣同看到帝国主义正张开血盆大口吞噬着中国民族工商业，十分忧虑。强烈的爱国主义思想鞭策着他提出救亡图存的方案：大力开采矿产，发展资本主义；用本国充足的经济力量来对抗列强的经济侵略势力，以使祖国真正富强。

刚刚就职的湖南巡抚陈宝箴，受到谭嗣同爱国思想的感染，接受了谭嗣同实业救国的方案。于1895年11月，奏请清政府设立湖南矿务总局。不久，为了商谈创办矿业的具体办法，谭嗣同离开南京，赴湖南面见陈宝箴。恰巧这时欧阳中鹄也来到长沙，做陈宝箴的幕僚（官府中辅佐行政的人）。他对办矿有一定经验。谭嗣同万分喜悦，立即和他的老师进行商量。他们打算先从开采煤矿入手，运进机器，物色矿师，以期事半功倍。师生二人，情投意合，谈得十分热烈，一直到深夜，才把开矿事宜设计得滴水不漏，非常周详。

湖南矿务局成立后，谭嗣同与欧阳中鹄、唐才常、刘淞芙等人共同筹建湘矿。与唐才常、刘善涵开始在浏

矿场

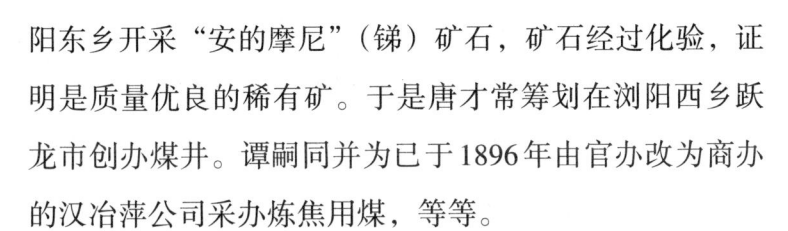

阳东乡开采"安的摩尼"（锑）矿石，矿石经过化验，证明是质量优良的稀有矿。于是唐才常筹划在浏阳西乡跃龙市创办煤井。谭嗣同并为已于1896年由官办改为商办的汉冶萍公司采办炼焦用煤，等等。

湖南矿务总局先后开采了煤、铜、锡、锑、璜等矿。把企业分为官办、官商合办和官督商办三种形式经营。官办、官商合办的企业，由总局派员主持；官督商办企业，由商人自己管理，但总局要按章抽税，会同地方官"维护"地方局面。在三种企业中，官办、官商合办的企业，因官员徇私舞弊，经营不善，收效不大。而改为商办以后，如益阳板溪锑矿，获得了较多的利润。因此，不少人要求由商人独立创办企业。对此，谭嗣同坚决支持。他多次请求陈宝箴，允许商人招股开矿，设厂生产，并准其专利若干年。在谭嗣同的呼吁下，以往开办的一部分官督商办矿业企业改为商办。同时，私人创办的工矿企业也陆续出现，并获得明显的发展。士绅梁肇荣等创办了湖南水利公司，获得专利10年。湘潭人张本奎等创设化学制造公司，制造樟脑，被允许在湖南境内专利15年。此外，张祖国等创办的和丰火柴公司，黄自元等创办的宝善成公司，也曾得到湖南当局的鼓励。

自长沙全湖北蒲圻、咸宁、江夏等县站，设置了有线电报。在交通和运输方面，谭嗣同筹划了湘粤铁路、

内河轮船公司的兴建。当时，宝善成公司制造电灯，先在衙署内试照后，打算扩大到全城。但有些人窃窃私议，怀疑电灯有损人的健康，况且电线交错，难免招致火神之灾。为此，谭嗣同写了一篇《论电灯之益》的文章，根据他所理解的自然知识，加上推测，说明电灯的益处，消除了人们不必要的疑虑。

谭嗣同积极参与了在湖南兴办资本主义工矿企业的活动。在此期间，他深刻体验了在内部资金缺乏和外来势力排挤的情况下经营企业的艰难。

当时湖南矿务总局决定对商股进行控制，如接收唐才常、刘善涵和谭嗣同等筹划开办的"安的摩尼"矿，改为"官办"。谭嗣同对于这种排斥民族资本的行径非常不满。指出：这样一来，企业的权与利都被当局所占有，不但民不准过问，即使是一切有益的公事也都不能分享其利，这是"最不善的办法"。改为官办的"安的摩尼"矿，由于当局"负责人压抑商股而专横跋扈，同时又巧立名目，敲诈勒索以饱私囊"，而惨淡经营。这些使谭嗣同深切感受到"上权太重，民权尽失"，感受到封建专制政府对民族资本主义工商业的压榨与摧残。

在与一些民族资产阶级中下层人物的交往中，他更深入地了解了他们的愿望和要求，产生了强烈的愿望：新兴的资产阶级必须摆脱封建势力强加在自己身上的桎梏，争取得到政治上的解放，并分享一部分政权，然后才可能冲破封建经济对民族资本主义经济的限制和干扰，而使资本主义获得顺利的发展。所以，他一方面希望封建地主投资于新式企业，并设立学校，讲求科学技术，培养专门人才，以便有计划、有步骤地把工业和农业纳入机器生产的道路；另一方面希望统治者改变压制民族资本主义的政策，借鉴西方国家发展资本主义的经验，允许大家自由地兴办工矿企业，不但给予他们自主的权力，还要扫清一切阻碍，鼓励大家办企业。减轻捐税，如果厘金暂时不能废除，也应"以学会及商会中人办理厘金之事"，使资产阶级拥有参与理财的权利，从而杜绝征收厘金的种种弊端，然后逐渐代以印花税，这样才能使民族资本主义经济得到发展，才有可能与列强并驾齐驱。为此，就必须要实行政治上的变革。

故居的塑像

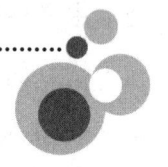

中华爱国人物故事
ZHONGHUA AIGUO RENWU GUSHI

革新湖南

随着一声汽笛长鸣，一艘轮船缓缓地从下关码头驶出，甲板上簇拥的人群正在向送行的人告别，唯有一中年男子怒视着自由进出的外国军舰，愤愤的目光中仿佛有火在燃烧。

南京是六朝古都，巍峨雄伟，古雅壮丽，有风景秀丽的秦淮河，引人入胜的桃叶渡。而今这里已失去了往

当时出版的《普天忠愤集》，记载了全国人民的义愤。

> 1897年，熊希龄在长沙任时务学堂总理，提倡科学，注重时务。同时与谭嗣同、梁启超、唐才常等组织南学会，创办《湘报》，积极开展变法维新运动，因此受到顽固派的攻击。1898年，戊戌变法失败，清廷搜捕维新党人，时务学堂及《湘报》被迫停办，熊希龄亦受到"革职永不叙用，交地方官严加管束"的惩处。

日的繁荣，被一层灰暗凄凉的色彩所笼罩，特别是那些炮口对着岸上居民的外国军舰，那些悬着各色国旗的外国货轮，这一切，我们的主人公能不愤怒吗？此刻谭嗣同正乘坐南京去武汉的客轮，应湖南巡抚府陈宝箴的邀请，与湖南学政江标、按察使（主管地方司法刑狱和官吏考核的官员）黄遵宪以及熊希龄、皮锡瑞、唐才常等

人，开始革新湖南的维新运动。

1895年，康有为等人在北京成立了强学会，这是维新派成立最早的具有政治团体性质的组织。强学会以挽救时局为宗旨，每10天集会一次，大讲"中国自强之学"和挽救民族危亡的道理。强学会得到了光绪皇帝的教师翁同龢的支持，曾一度吸引了许多官员和士大夫，会员数千人。强学会成为传播变法思想、积蓄维新力量的阵地。然而在1896年初，北京强学会遭到朝廷封禁。

强学会遗址
强学会是在北京、上海成立的最早的资产阶级维新派政治团体。由拥护光绪皇帝的官员文廷式出面组织，会长由户部郎中陈炽担任。

谭嗣同听到强学会被清政府封禁的消息后，极为愤慨。原本并未参加强学会的谭嗣同，偏偏在强学会被封禁之后，立即在汉口着手建立湖南强学会分会。经过多方努力，分会虽然没有建成，但却表现了谭嗣同与封建势力勇敢抗争的精神。

1897年11月，德国派军舰强行占领胶州湾，12月，俄国以抵制德国为借口，悍然出兵旅顺口，强迫清政府把旅顺、大连划给它作租界地，帝国主义瓜分中国的狂潮由此愈演愈烈。

眼看着民族危亡，迫在眉睫。谭嗣同忧心如焚，想那巍巍的山岳，滔滔的江河，尽被人霸占，本已苦难深重的同胞还要遭受列强的欺凌，谭嗣同的心如刀割般的疼痛，他痛苦地低吟道：

风景不殊，山河顿异。

城廓犹是，人民复非。

1898年2月，谭嗣同回湖南浏阳安置了家眷，应湖南巡抚陈宝箴的邀约来到长沙。

原在湖南的维新志士唐才常、徐仁铸、皮锡瑞、樊锥、毕永年、易鼐等设宴为谭嗣同接风洗尘。

刚饮了一杯酒，唐才常就把话引上了正题："复牛，你南来北往这么长时间了，陈宝箴大人把你叫了回来，让你革新湖南，说说你有什么见解。"

谭嗣同放下手中的筷子，用目光扫视了一下在座的人，然后说："我们湖南维新也不外这三个方面，办学堂培养新式人才，办报纸宣传新思想，设学会议论新政，通过这三个方面大开风气。等风气一开，设厂兴工，移风易俗之举，自然相随而行。"

"嗯，的确是个好办法。"大家不约而同地表示赞同。

"可是，眼下的时务学堂，名字虽新，但没什么新鲜的内容。"说话的是皮锡瑞，此时正任时务学堂学长。

1897年，谭嗣同等人在湖南创办时务学堂时部分教员的合影。

"那是由于老师多为顽固派人士,"谭嗣同把目光转向了皮锡瑞,"我打算聘请梁启超为中文总教习,多吸收维新人士作教习,我和各位都要去讲课,另外,尽快多开新学科,取替旧学,皮兄意下如何?"

"没问题,我一直感到孤掌难鸣,现在有你带动大家一起主讲时务学堂,时务学堂一定会有新气象。"皮锡瑞非常高兴。

"那我们什么时候办学会?"樊锥问道。此人家住衡阳,思想极为激进。

"越快越好,"谭嗣同说,"我们可以通过这个学会向大家讲爱国的道理,求救亡的办法,地方变革的措施由这个学会讨论,然后再提交政府实行,使一般绅民也有参政权的权利,这样大家的积极性就都调动起来了。"

"那么,这个学会实际上就是西方的地方议会了?"唐才常说。

"对!"谭嗣同接着说,"这个学会可以在省一级设主会,在县镇一级设分会,一级一级都能表达人民的意愿。"

"那样就可以民情上达了!"樊锥激动得欢呼起来。

皮锡瑞也高兴地说:"我们该给这个学会起个名字。"

大家相互对视着,最后把目光又落到了谭嗣同身上。谭嗣同略微凝思了一会儿说:"就叫南学会怎么样?通过

陈宝箴

维新湖南影响南方各省,如果南方各省都能维新,就可以保住南中国不倒。"

"好,就叫南学会!来!大家为南学会干杯!"唐才常又把大家引回到酒席上。他们边吃边谈,又从办报谈到设厂,从缠足谈到移风易俗,满怀爱国热情,设计着中国的未来。

谭嗣同等人很快投入了维新湖南的实践,2月底长沙时务学堂面目一新,从教习到课程都大有改观,不仅招收正式生,还设有外课生,随堂旁听。

3月,南学会正式建成,由几百人发展到几千人。谭嗣同多次演讲,无论讲什么题目,总能和变法自救联系起来。

但是,湖广总督张之洞和湖南巡抚陈宝箴在批准南学会建立时,竭力歪曲建立南学会的宗旨,把民族危机刺激下,南学会提倡维新变法以达到救亡的目的,歪曲为以维护封建统治秩序为目的。

谭嗣同主持南学会以后,团结唐才常、梁启超等维新派竭力扭转南学会的方向，赋予它以新的内容，使它成为湖南维新运动的政治团体。实际上，凡遇地方上的兴革事项，均进行议论并提出具体方案，起到了议会的职能。会员分为三种：一种是议事会友，以谭嗣同、唐才常、熊希龄等充任，凡会中一切章程及一切重大问题，均由其负责处理。一种是讲论会友，以学识渊博，擅长言论者充任。这是南学会的讲学议政人员，公推皮锡瑞主讲学术，黄遵宪主讲政教，谭嗣同主讲天文。一种是通讯会友。凡各府州县士绅和人民，如对新学新政有疑问，均可来函咨询，这样南学会建立了广泛的社会联系。

谭嗣同的讲演总是围绕着救亡之法这个中心逐日，以激发听众的爱国热情。有一次，他讲人体解剖学，在介绍了人体的各个部位之后，他突然换了腔调，满怀激

时务学堂外景

情地说：

"我们大家都是堂堂7尺之躯，我们是活生生的人，不是奴仆，更不是牛马！诸位看看我们今天所处的局势，再不奋起直追，离当牛马的日子还远吗！"讲到激愤的时候，谭嗣同脱下帽子，撩起长衫，挥动拳头，所有的听众都为他那种强烈的爱国主义热情所感动了。但是在这次讲演中，又暴露了谭嗣同的一个很大的弱点，在讲演的时候，他提议建立武装来镇压农民起义，他认为这样内患就可以消除了。这反映了刚由封建阶级转化过来的民族资产阶级代言人对农民群众的藐视，他们不仅不依靠农民群众而且站在农民群众的对立面。

谭嗣同与唐才常商量把《湘报》作为南学会的喉舌。本来《湘报》是唐才常和熊希龄筹划、经陈宝箴批准创办的报纸，陈宝箴规定要以大部分篇幅刊登本省新政、各国时事、商务等。但是谭嗣同竭力主张改革和充实

维新变法运动时期的报刊

《湘报》内容，使它成为维新变法、救亡图存的宣传工具，发挥报纸在维新变法的现实斗争中的作用。他认为《湘报》应当更多地刊登这类敢于揭露和抨击封建统治罪恶的文章。

谭嗣同还和熊希龄发起设立延年学会以移风易俗。这个学会要求免除一切请客、拜客及其他生活的繁文缛节，改变社会风气，革除陋习旧俗。并专门写了《延年会叙》一文，号召大家废除封建旧习，简便的生活，使人们在有限的生命里，集中精力，提高效率，多做有益于社会的工作。

谭嗣同回湖南仅仅几个月，湖南的风气就大大地改变了。各种学会、报馆蔚然而生，许多受新思想影响的人纷纷投资实业，办工厂、开矿山、买轮船，一时间湖南省呈现出生机勃勃的景象。

然而，那些封建主义的官僚们却对日益汹涌的变法洪流感到忧心忡忡，惊恐万状。湖南顽固派的总代表王先谦是当地有名的土豪劣绅，他身边聚集了刘风苍、叶德辉等一批人，都是异常顽固的守旧分子。他意识到谭嗣同等维新派的运动必将把他们这些满口仁义道德，实则吸吮人民鲜血的封建卫道士赶下历史的舞台。他们开始向维新派反噬了！

湖广总督、洋务派张之洞虽然也高唱"变法"，但是他的"变法"是提倡"中学为体,西学为用"。就是说封建社会的等级关系和宗法关系是根本,是不能改变的,"变法"只是吸取西方的科学技术来加强封建地主阶级的专政,所以不能抛弃"三纲四维"的封建之道。当他看到《湘报》上提倡民权、设立议院的文章,非常气愤,指责陈宝箴办事不力。

陈宝箴感到无限的恐惧,原来他之所以支持谭嗣同、唐才常变法活动,是为了提高自己的社会声誉,以巩固在湖南的统治地位。他所主张的变法跟张之洞一样,完全是洋务派路线,跟谭嗣同的变法主张实在是南辕北辙。现在眼看变法维新运动在湖南发动起来了,他为了保全腐朽的封建统治秩序,伙同湖南顽固派首先逼走了皮锡瑞,接着又以"离经叛道"的罪名将樊锥驱逐出境。在顽固派的嚣张气焰面前,有一些改良主义者畏缩了,连谭嗣同的老师欧阳中鹄也改变了往日的态度。

有一天,他派人把谭嗣同叫到书房。谭嗣同见老师手里拿着一份《湘报》一脸不满意的样子,心里很疑惑。

"欧阳老师好!"谭嗣同先向老师问好。

"嗯,坐下吧。"欧阳中鹄看了看谭嗣同,又指了指报纸说:"你并没拜康有为为师,为什么在这上面称他为先生。"

"学生虽没在他门下授学,但推崇他的思想,故称

强学会报序

为他为师。"谭嗣同回答道，也明白了欧阳中鹄叫他的来意。谭嗣同在上一期《湘报》上介绍康有为的《上清帝第五书》时，称康有为为先生，这一方面丢了欧阳老师的面子，另一方面表明谭嗣同思想激进，身在湖南，却与北京的康有为相呼应。

"现在风声这么紧，人家走的走，躲的躲，你又何必再和康有为攀扯。"

"我不怕！我也绝不是胆小鬼。平时大家都以'杀身灭族'四个字相互勉励，不想斗争刚刚开始他们就逃避了。中国到了今天这个地步，要想复兴、强盛，非闹到新旧两党流向遍地不可！"

欧阳中鹄本想以老师的身份压制谭嗣同，见谭嗣同如此坚决只好作罢，两人不欢而散。

　　谭嗣同愤愤不平地回到自己的住处，见唐才常、徐仁铸正等在那里，两人都一脸不安的神色。

　　"复生，欧阳老师找你什么事？"唐才常问。

　　"还不是想让咱们收敛些。"

　　"我们刚从陈宝箴大人那儿来，湖广总督张之洞委派你筹办湖南焙茶公司。"徐仁铸说。

　　"什么？去办焙茶公司？"谭嗣同一愣。

　　"我听了以后也很奇怪，说不上这是好事，还是坏事。"唐才常说。

　　"我过去是关心过机器制茶的事，不过，现在我们正与守旧势力激烈斗争，在这个时候把我撤走，恐怕不是偶然的。"

　　"他们要釜底抽薪，削弱我们的力量。"唐才常也明白了。

　　这时，有人在外面高声喊道："谭嗣同接旨。"

　　谭嗣同大吃一惊，急忙开门迎接，来人宣道："皇上命你即刻起程，进京参与新政。"谭嗣同的历史使命又翻开了新的一页。

参与新政

此时，大清帝国的皇帝是年号光绪的爱新觉罗·载湉。不过，他是个傀儡皇帝，实权掌握在慈禧太后的手里。光绪始终不满于自己的傀儡地位，一心想夺回自己应有的权力。

1897年11月，德国出兵强占胶州湾，激起全国人民反侵略、反瓜分的巨大声浪。康有为从广东赶赴北京，连续给皇帝上了三次书。他警告光绪皇帝如不赶紧变法，亡国灭种的大祸就要降临。上书虽然因顽固派守旧派官僚的阻

康有为

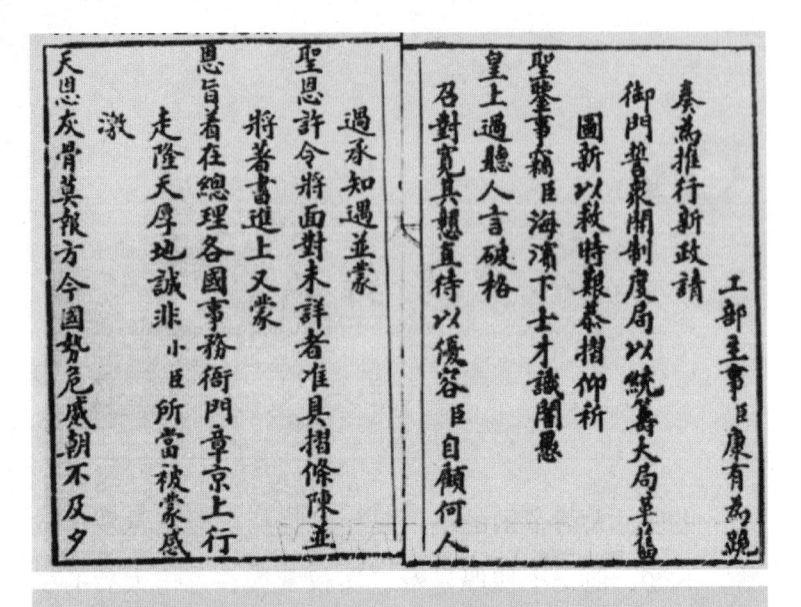

应诏统筹全局折

这是康有为的第六次上书，请求光绪帝发起戊戌变法。

挠，未能到达光绪帝的手上，但是内容则在一些官员和士大夫中辗转传抄。天津、上海的报纸还公开发表，流传广远，引起了强烈的反响。光绪皇帝并不完全赞成资产阶级维新派的政治主张，在政治路线上他是洋务派，但是维新运动的浪潮使它看到维新派拥有巨大的社会力量。他企图利用维新派的这股力量，并通过维新派取得英、美、日等帝国主义的支持，使自己摆脱慈禧太后的钳制，成为名副其实地拥有权力的皇帝。

1898年初春的一天，光绪便装去见他的八叔，庆亲王奕劻。奕劻是游离于帝、后两派之间的人物，只要你给他送的银子数目够，他谁的忙都帮。

奕劻先行了君臣大礼，光绪又以家侄自称，命人抬了礼进来，光绪指着礼盒说：

"这些都是西洋人送的小玩意，八叔留着玩吧。"

"多谢皇上！"奕劻知道，所谓小玩意都是珠宝。

"我近来诏见了康有为，朝内外议论纷纷，你怎么看？"光绪问奕劻。

"皇上有志变法兴国，可喜可贺。"奕劻很狡猾，只

庆亲王奕劻

是恭维，不正面回答。

"可是，太后不容我放手去做，我有志又何用？"

"这个……不会吧？"奕劻说。

"太后如果还不把实权还给我，这个皇帝的宝座我就不要了，我可不甘心做个亡国之君！"

奕劻明白了光绪的来意，然后如实地把这话传给了慈禧太后。慈禧勃然大怒：

"好啊！他还不愿意要这个位置了，他知不知道，我还不想让他当这个皇帝了呢！"

"太后息怒，他毕竟是皇帝，他要变法，也是为了咱们大清，你就让他试试吧！"奕劻急忙劝解。

经过奕劻多方说和，慈禧终于吐口了："那就让他去变吧，看他变不出模样时再说！"

奕劻得此

慈禧太后

懿旨，高高兴兴地去向光绪复命："太后不禁止皇上办事了。"

光绪得到西太后的许可，于1898年6月11日颁布《明定国是》诏书，宣布变法。诏书中指责了那些主张守旧、排斥变法的官僚，表示变法的决心。山东道监察御史杨深秀上疏为之剖辨，得到光绪皇帝下诏"奖励"。这时徐仁铸写信给他父亲侍读学士徐致靖，推荐谭嗣同到北京参与"新政"。由于徐仁铸经常向父亲提起谭嗣同及其领导湖南维新运动的情况，徐致靖非常佩服，因而以身家性命作保，向皇帝举荐谭嗣同，这样才有皇帝的诏书发到湖南。

谭嗣同接到圣旨很高兴，他可以借此摆脱焙茶公司的事务，到更大的范围内去从事变法维新这一神圣事业。但他非常冷静，在湖南新、旧两党的斗争就这样激烈，北京的情况又会怎样呢？他深知此去凶吉未卜，前途难料，谭嗣同想起了浏阳老家的妻子，这一别不知何时再见，想到这儿，他提起笔来给妻子写信：

"此次进京，实属意料之外。我已视荣华如梦幻，视死辱为常事，前途如何我不计较，你也不要计较。为了国家和民族的命运，即使赴汤蹈火，我也毫不畏惧！你和侄儿多保重了！"谭嗣同似乎已经预感到等待他的并不是高官厚禄，而是残酷的斗争。

仁寿殿是宫廷区的主要建筑之一，原名勤政殿，光绪年间改为今名，意为施仁政者长寿。它是清朝末年慈禧太后和光绪皇帝听政的大殿，也是中国近代史上变法维新运动的策划地之一。1898年光绪皇帝曾在此殿召见改良派领袖康有为，任命他为总理各国事务衙门章京上行走，准其专折奏事，从而揭开了维新变法的序幕。

谭嗣同接旨赴京，途经湖北时，突然生病，不能立即赴京。光绪帝电催"迅速来京，毋稍延迟"。谭嗣同看到电报上的八个大字，深感光绪皇帝的厚恩，于是谭嗣同抱病从江汉码头登上客轮，准备先到上海再去北京。到上海以后，看到报纸上报道山东、河北等地发大水，临时决定由陆路骑马兼程北上，行李交招商局托运。此时正式盛夏季节，黄河、淮河等河水暴涨，沿途百姓流离失所，四处逃荒，乡镇萧条，村落残破，田园荒芜。谭嗣同感到人民陷于水火，此次进京关系重大，应当尽力辅助光绪皇帝推行"新政"，挽救祖国于危亡边缘，救人民于水火之中。

8月21日，谭嗣同到达北京，住进父亲当年住过的浏阳会馆。这个浏阳会馆位于北京宣武门外北半截胡同里，正是谭嗣同当年出生的地方。康有为住的南海会馆也在宣武门外，离谭嗣同的住处很近。此时，康有为已被皇上任命为对外办事机关的秘书，职务虽然很低，但允许他直接上书皇帝，不必经过有关部门，这就实际给了他领导变法的地位。谭嗣同与康有为志同道合，又住的相近，往来很多。他们经常在一起商议各项办法，对如何变法，变法的步骤都有所讨论，有时甚至彻夜不息。

9月5日，谭嗣同面见光绪帝，把自己所见、所学、所想一股脑地陈述出来，最后，他这样说：

中华爱国人物故事
ZHONGHUA AIGUO RENWU GUSHI

光绪

"变法是世界大势所趋,只有变法才能富国、强国。今天中国变法,不仅要变事,更重要的还在变理,要向西方那样实行君主立宪,让所有人都爱惜江山,保卫江山,建设江山,到那时国富民安,天下太平。"

在谭嗣同陈述的时候光绪一直专心地听,当谭嗣同讲到变法前景时他满意地点着头:"好,朕封你为四品卿,入军机处,专办变法事务。以后你想要上奏什么就上奏什么,只要可行,我都采纳。"表示了对谭嗣同特殊的赏识。

当天与谭嗣同一起被召见的还有杨锐、林旭、刘光第,也受封入军机参与变法,历史上称为"四小军机。"光绪帝召见谭嗣同和任命军机四卿的消息不胫而走,顿时传遍京城内外。那些顽固守旧的王公大臣、文武官僚，一个个摇头咂舌，人人忌恨，侧目而视。维新派则人人欣喜若狂，奔走相告。

这一夜谭嗣同没能入睡，他对变法维新充满了希望，祖国将通过变法而走上富强，人民将通过维新被拯出苦海，谭嗣同无限振奋，眼前一片光明。

按照官场的旧俗，每个新上任的官员都要去领班大臣家谒见、送礼，表示敬意，然后才能到差办事。谭嗣同想，变法革新就是要去除旧习，他们应当带头开新风，几个人商量了一下，谁也没去军机大臣家求见。

第二天，4人到了军机处。那时办公场所都是满汉分席，满族人和满族人坐在一起，汉族人和汉族人坐在一起。谭嗣同4人都是汉族就先到了汉席，领班大臣站起来冷冷地对他们说："我们都是些旧人物，办旧事的，你们到别处去吧。"

他们又到了满席，满族领班也是同样的态度："我们都是满种，你们可不能进来参与！"

面对权贵的刁难，谭嗣同非常气愤，他和林旭一起上前责问两个领班："我们也是朝廷命官，总应该有我们办公的位置吧。"

在他们的严厉指责下军机处才在满、汉之间为他们设了办公桌。

变法失败

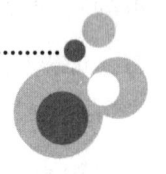

从6月11日光绪帝颁布《明定国是》诏书，宣布变法开始，到9月21日慈禧太后发动政变为止，共计一百零三天，史称"百日维新"。

在这期间，光绪帝以发布"上谕"的方式，颁布了近一百条改革的诏令。光绪皇帝颁布的新政主要是经济、军事、文教方面的改革。经济方面有：保护农工商业，成立农工商局，奖励发明创造；设立铁路、矿务总局，发展铁路和采矿业；设邮政局，裁撤驿站；改革财政，编制国家预算，准许旗人自谋生计，取消由国家供养的特权等等。文化教育方面有：设立学校，创办京师大学堂，各地普遍设立中小学堂，兼习中西学科；废除八股取士，改试策论（内容为中国史事、清朝政治），开设经济特科（内容包括内政、外交、理财、农桑等专门之学，被录取的从优分发有关部门工作）；设立译书局翻译外国

谭嗣同书札

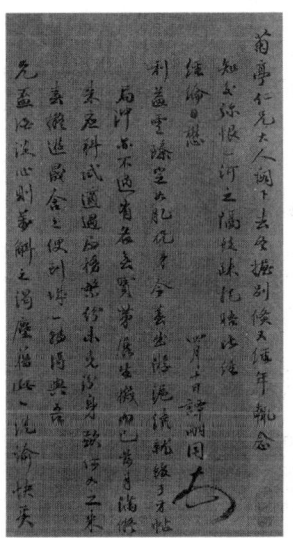

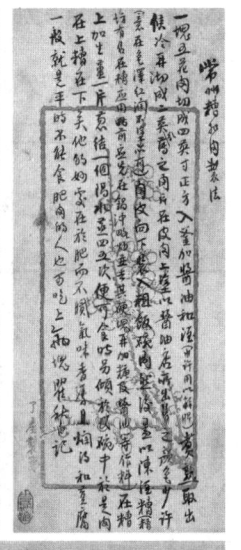

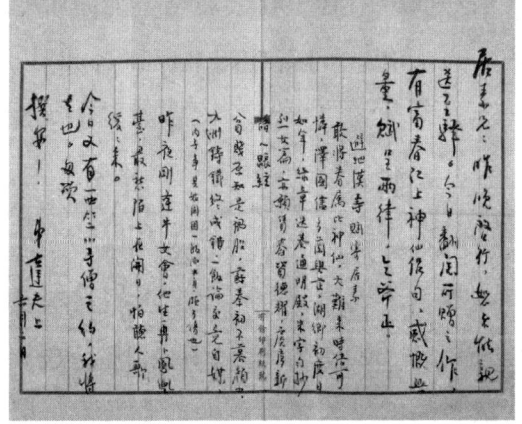

新书；准许设立报馆、学会；派人出国留学等等军事方面有：裁减旧军，训练新式海陆军，陆军改练洋操，力行保甲制度等等。从7月下旬到9月下旬，新政由经济、文教、军事方面扩展到政治方面。主要改革有：提倡官民上书容言事，命各省保荐人才；改革旧机构，裁撤闲

散重叠的机构；裁汰冗员，澄清吏治等等。

新政的内容，虽然没有涉及资产阶级维新派提出的设议院、开国会、宣宪法等政治主张，但是毕竟对旧制度进行了不少改革。变法诏书的颁布，有利于中国资本主义的发展和西方科学技术的传播，同时也有利于具有维新思想的知识分子参预政权。因此，这次变法受到民族资产阶级和开明地主的拥护，得到爱国知识分子的支持。在变法高潮时期，不论是朝廷官员，还是下面的知识分子，都纷纷讨论变法；一度出现了"家家言时务，人人谈西学"的政治局面，引起了社会震动。光绪帝令各省总督巡抚将6月11日以来的新政诏书印刷各州县，令教官详细讲解，并在督抚衙门悬挂，这显示了光绪帝除旧布新的决心。

"百日维新"期间，谭嗣同虽然进入了军机处，每天阅读大量的奏折，凡是有关新政的都由他拟出处理办法，即便顽固派重重阻厄，他仍然勤恳工作，不为所惧。但是，随着参与变法时间的延长，谭嗣同的心又被一层暗淡的愁云笼罩了。百日维新以来，光绪发下了不少上谕，从奖励工商到废除科举，从裁减官员到清除旧俗，基本上都是雷声大雨点小，甚至干打雷不下雨。西太后表面上退居颐和园，每日听歌看戏，实际上朝中每一项举措，光绪都得先请示而后才能实行，仍旧是个傀儡。

地方上的大臣都仰承慈禧的鼻息，在他们的眼里光绪的地位还不如慈禧身边的太监李莲英。对光绪推行新政的谕旨，他们或是表面应付不去实行，或是干脆找借口加以拒绝，所以看起来一道又一道的新政谕旨似乎如雷贯耳，而真正落下雨点的却少得可怜。

更令谭嗣同苦恼的是，维新派内部的政治观点产生了越来越严重的分歧。谭嗣同和康有为虽然在政治斗争中站在一条战线上，特别是在有人上疏要杀康有为、梁启超时，谭嗣同挺身而出，以性命为其担保。但是，在思想上他们却早已分道扬镳了。譬如在政治上，他们都提倡"君主立宪"。康有为也高呼"民权"，而具体政策实施，则侧重"君权"，认为中国不适宜民主，要实行也只能寄托在遥远的将来。谭嗣同则侧重于"民权"，虽然他的"民"指的是资产阶级或刚由封建阶级先资产转化过程中的那部分人民，他竭力主张"开议院"，使代表资产阶级利益的知识分子，早日参预政权。但康有为却竭力反对。

一天，康有为向光绪提议，效法康熙，乾隆朝开懋勤殿议事的做法，重开懋勤殿作为议政厅，议行各项新政。这种主张以保障君主的权利为前提，当然是和光绪帝的意愿，光绪非常赞同：

"康卿所言极是，朕即设法实行。"说着他命令身边

的侍臣："快去取历朝上谕档案来。"

不一会儿，两个侍官各抱了几大本档案回来，放在光绪面前。光绪看看这些档案，很高兴地对谭嗣同说："谭卿，你马上摘出康、乾、咸三朝开懋勤殿的故事，我去说服太后准许实行。"

光绪以为档案作为祖宗之法，提供了他说服慈禧的依据，所以很高兴。但是，捧着一大探档案的谭嗣同心里却是沉沉的。皇上真无权啊！依靠这么个傀儡皇帝变法能有希望吗？谭嗣同的眼前立即浮现出一张张饥黄愁苦的脸，浮现出一艘艘耀武扬威的外国军舰。如果变法不成，靠什么去救那些穷苦的百姓，又靠什么去抵制虎视眈眈的侵略者！他的心颤抖了。

1898年9月14日，光绪皇帝带着谭嗣同起草的有关开懋勤殿的谕旨前往颐和园请示。不想慈禧大发雷霆，指着光绪大骂起来：

"小子，你想玩弄天下，老妇我还没死呢？你以为撇开我你就可以办事了吗？你这个皇帝我让你当你就是皇帝，我不让你当，明天你就得滚下来！"

西太后最懂权术，开懋勤殿是祖宗旧制，但今天如果让光绪重开，他就会把那些维新人物请进宫中，大小事都交他们议处，渐渐形成一个新的权力中枢，从而剥夺她手中的权力。

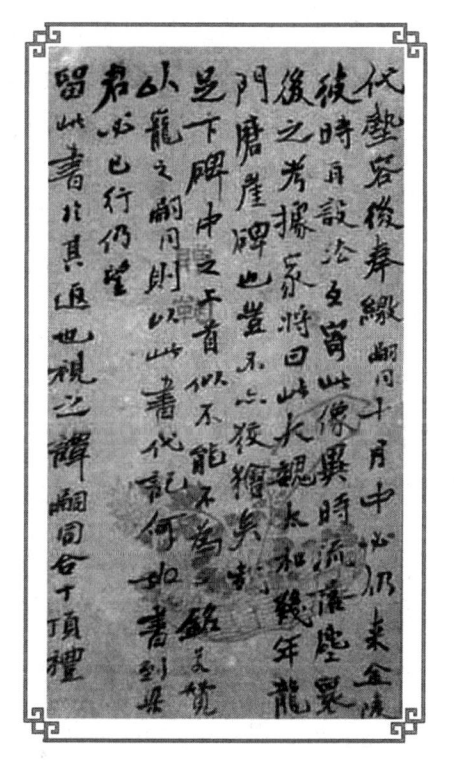

在这种情况下，谭嗣同考虑到如何利用光绪皇帝的关系结纳拥有重兵的将帅为援。究竟召哪一部分"外兵"最合适？谭嗣同和康有为研究后，认为曾加入强学会并握有七千人武装的袁世凯可为己用。于是派遣徐致靖的侄子徐仁录去天津小站探视袁世凯的虚实。见面时，袁假意恭维维新派。与此同时，谭嗣同密荐袁世凯有"将才"，要光绪帝"先发制人"，把顽固派所依靠的慈禧太后"监禁在颐和园，以期制止顽固派对于维新的一切障碍"。光绪帝看了谭嗣同的密折，立即采纳，诏令袁世凯入京觐见。光绪皇帝于9月16日召见了袁世凯，夸奖他练兵有功，并提升他为侍郎，叫他专办练兵事务，以保新政。

9月中旬，政变风声四紧，光绪皇帝在惊慌失措之中，于14日黎明时召见杨锐，问他是否可想一良策，既可排除维新变法的阻力，除旧布新，使中国转弱为强，而又不致有拂"圣意",并泣涕商量保全之策。杨锐原是张之洞的门生,以新进官僚表示支持维新而得到光绪帝的信任。但此时他畏惧推辞,于是光绪帝写一道密诏,说自己"位且不保",要杨锐和康有为、谭嗣同等商量,赶紧设法"相救"。杨锐接受密诏后,惊惶无策,数日隐匿不敢出门。

光绪帝召见袁世凯的当天,前往颐和园向慈禧太后问安。了解到阴谋政变的危急情况,就于次日回宫后,写第二道密诏约林旭带出,要康有为迅速出京,留着性命以便今后为他出力。之后,光绪帝又召见袁世凯,向袁世凯授意:回天津后,"即带兵入京师","以免意外之变"。

袁世凯本是李鸿章提拔的洋务派官僚,虽曾参加过康有为倡办的强学会,只是借此沽名钓誉,根本没有一点要求变法的思想。此时他正心怀鬼胎,表面应付,而内心是不愿冒险地与掌握军政大权的后党为敌。所以他在光绪帝召见后,就谒见刚毅、王文韶、裕禄等属于后党的大臣,扬言自己无功受禄,一定力辞,借以试探这些权贵的口气,并企图表白自己虽被光绪帝所提拔,但并没有丝毫与后党为敌的意思。

顽固派得知光绪帝召见并提拔袁世凯后,荣禄立刻密谋制造了英俄在海参崴开战的谣言,借机调动聂士诚的武毅军移驻天津陈家沟一带，守住北京至小站的过道，以防袁世凯的军队西行；又调动董福祥的甘军移驻北京南面的长辛店，准备对帝党和维新派进行镇压。慈禧太后为首的顽固派布置政变，已呈剑拔弩张之势，而光绪帝的第一次密诏，直到9月18日早晨，杨锐才交给林旭。林旭马上将两道密诏分别带给谭嗣同和康有为。康有为、谭嗣同看了光绪帝的密诏后，相对痛哭，束手无策，除拉拢袁世凯之外，又幻想取得英、日帝国主义的支持，挽救败局。

  英、日帝国主义为了和沙俄争夺在华霸权，曾表示愿意帮助中国变法。维新派轻信了他们的诺言，称赞英、日帝国主义是"救人之国"，并奏请光绪皇帝联合英、日对抗顽固势力。英、日帝国主义也密切注视中国政局的发展。9月14日，日本前首相伊藤博文来到北京。他原想博取光绪皇帝和维新派的信任，操纵中国政治，但当他发现维新派的败局已定，便无意支持光绪皇帝的维新变法，只对光绪帝和维新派虚表"同情"。康有为等人也曾到外国驻华使馆要求支持，但毫无结果。

误信袁世凯

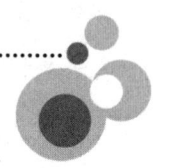

9月18日这一夜，天色阴暗，空中连一颗星星都没有，谭嗣同只觉得心烦意乱，疑惑重重。他命人点着灯笼，随他一同去南海会馆。谭嗣同想再和康有为、梁启超商量一下，如何对付太后的进攻。

康有为一个人在书房里踱来踱去，神色很不安，见谭嗣同进来忙问：

"复生，没什么事吧？"

"没有，我在家闷得慌，来和先生坐坐。"谭嗣同见康有为的神色，不愿再加重他的不安。

"好，我也正想找你们说话。"康有为又对倒茶的仆人说："你快去把卓如找来。"

就在这时，一个黑衣人匆匆闯进了书房，此人正是林旭，他怕有人跟踪，特意化了装。

"康先生、复生，大事不妙了！皇上让我们想法救他，还让康先生快逃出京城。"林旭非常紧张，说着拿出了两道密诏。

康有为看罢先哭了起来："可怜我的皇上这个时候还记挂着我，可我拿什么报答皇上啊！"

谭嗣同也流泪了："我原指望皇上大权在握，只要他有志变法救国救民，中国就有希望。不想他毫无实权，反倒要我们几个书生保护！苍天啊，中国的黎民百姓可怎么办啊！"

不一会儿，梁启超也来了。他读了密诏，看看老师，又看看谭嗣同，一句话也没说，也大哭起来。

"我想明日去见袁世凯，"谭嗣同先收住了泪，"说服他杀荣禄，除太后，挽救目前的危局。"

圆明园

阴险狡诈的袁世凯

"现在只有靠袁世凯了。"康有为表示赞同。

事出紧急,大家也想不出别的办法,只好把皇帝、自己以及变法运动的命运,孤注一掷地压到了袁世凯身上。

9月18日深夜,谭嗣同身穿夜行衣,走街串巷,独自来到法华寺,这正是袁世凯此番来京居住的地方。

谭嗣同来到法华寺,见到袁世凯,先说了当前的时局,对皇帝大大不利。荣禄将于今年9月天津阅兵时杀掉皇帝,要袁世凯1898年9月20日到光绪皇帝处要朱谕一道,令其带兵在天津杀掉荣禄。然后带领手下兵马入京,一半围住颐和园,另一半守住宫门。

袁世凯一听,吓得魂飞魄散,追问围颐和园干什么?

谭嗣同说:"不除掉慈禧那个老朽,国家不能保。这件事情我负责。"

袁世凯说:"皇太后听政三十多年,深得人心。我对部下,常常教导说忠君爱国。现在你让我作乱造反,必不可行。"

谭嗣同说:"我已经雇了好汉数十人,还给湖南发了电报,一定会召集好多人,没几天就可以到了。去此老朽,在我而已,无需用你。你只需要干两件事:杀荣禄、围颐和园。你如果不答应我,我立刻就死在你面前。你的性命在我手,我的性命也在你手。今晚必须决定。决定后,我马上进宫,到皇帝那里请旨办理。"

袁世凯说:"这件事关系重大,不可以草率决定。而且你想今晚去皇帝那里请旨,恐怕皇帝也不会应允的。"

谭嗣同说:"我自有说服皇帝的办法,他不会不批准我们的计划的。你等着,后天(农历八月初五,1898年9月20日)你到皇帝那里请训时,皇帝一定会给你一道按计划行事的朱谕的。"

袁世凯说:"天津是各国聚处之地,如果忽然杀了总督荣禄,中外官民,必然轰动。而且驻扎在天津的北洋军,还有宋庆、董福祥、聂士成各军。北京城内,还有八旗兵不下万人。而我袁世凯的军队只有七千,如何能办?"

谭嗣同说:"你可以动兵后,马上把皇帝的谕旨给各个将领看,同时照会各国,看他们谁还敢动?"

袁世凯说:"本军粮食器械子弹,都在天津营内,存的不够。必须先把粮食弹药运足,方可用兵。"

谭嗣同说:"那这样,你可以先请皇上把朱谕交给你,等你布置妥当了,一面密告我日期,一面立刻动手。"

袁世凯说:"我个人,死不足惜,只是恐怕一旦泄密,必将连累皇上。你千万别让皇帝给我朱谕。你先回去,容我熟思,布置个十天半个月,再告诉你我准备怎么办。"

谭嗣同说:"皇帝早就急了,已经给了我一份朱谕在手,我们今天必须拟定一个办法,我才能到皇帝那里复命。"

说完,谭嗣同出示了杨锐墨写的光绪皇帝的密诏。

袁世凯说:"这不是皇帝的朱谕,而且上面没有杀荣禄、围颐和园的说法啊?"

袁世凯当然知道朱谕是什么样子的。现在谭嗣同手里的当然不是朱谕。

谭嗣同扯谎说:"对,朱谕在林旭手中,这一份是杨锐抄给我看的。我跟你说,皇上确实有此朱谕,在三天前就发出来了。林旭等极可恶,不立即交给我,差点儿误了大事。谕旨内所说的议良法,就是指杀荣禄和围颐和园。"

袁世凯听了这番话,左右推托,经谭嗣同再三催促后,袁世凯才表示:"如果皇上在阅兵时,迅速跑到我的大营里,传令杀奸贼,我袁某一定拼死去干"。谭嗣同说:"荣禄可不是等闲之辈,恐怕不那么好对付吧?"袁世凯拍着胸脯满口答应:"如果皇上在我军营里,只要命令我下手,那么杀一个荣禄就像杀一条狗那样容易!"。谭嗣同提醒道:"恐怕等不到十月,就会发生变乱,势甚迫急,必须早做准备。"

袁世凯借口时机紧迫,必须立即回天津部署。袁世凯骗走谭嗣同后,反复筹思,如痴如病。他感到光绪皇帝既没有实权,又没有军队;维新派也是空谈书生;慈禧太后掌权多年,根深蒂固,投身光绪,自身难保;投靠慈禧,可升官发财。

9月20日,袁世凯向光绪皇帝再次信誓旦旦地表示自己的"忠心"。傍晚,他急忙赶回天津,到总督衙门向荣禄告密,同时策划镇压维新派。当夜,荣禄急忙入京,

向慈禧太后报告。次日凌晨，慈禧太后决定发动政变。经过周密布置，立即回宫，命太监收了光绪帝的玉玺，随即将光绪幽禁在中南海的瀛台，重新宣布"训政"。同时下令搜捕维新派。杀气腾腾地要杀尽维新派，剿灭维新变法的思想。

在政变前一天，康有为按照光绪皇帝的旨意离京赴沪，在英国人的保护下逃往香港。梁启超则在政变当天躲入日本公使馆，后在日本人的掩护下，乔装出京，由天津逃往日本。从6月11日至9月21日，为时103天的"新政"便宣告终结。

慈禧于1898年9月21日幽禁光绪帝，废除新法。

喋血菜市场

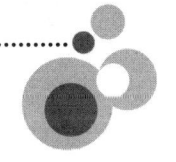

9月25日，一大队清兵包围了浏阳会馆，他们知道谭嗣同会武功，一个个荷枪实弹，非常紧张。谭嗣同在屋里看得清清楚楚，他早就做好了准备，从容地走出了大门。当天，与谭嗣同一起被捕的有杨锐、林旭、杨深秀、康广仁、刘光第。

谭嗣同被捕入狱后，被钉上沉重的铁镣。他望了望阴森森的墙壁，一阵阵潮湿夹杂着霉臭的气息袭来，令人恶心。他已经做好了牺牲的准备，心情反而比平时还要平静。他坚信：前人的鲜血，将唤醒后人的斗争，

前人的牺牲，将促使更多人的觉醒，历史不会逆转，人类总是在改革中前进。谭嗣同想到这里，感情一阵冲动。他站起身，抓过放在一张破桌上供囚徒写招供的粗笔，饱蘸浓墨，奋笔在灰暗的狱壁上疾书，写下了流传千古、闪耀的《狱中题壁》：

    望门投止思张俭，
    忍死须臾待杜根。
    我自横刀向天笑，
    去留肝胆两昆仑。

戊戌六君子喋血菜市口

谭嗣同墓

1898年9月28日，天色阴沉昏暗，6辆囚车缓缓地从北京街市上驶过。在菜市口的刑场上6口铡刀一字排开，刽子手们袒胸露腹，满脸凶相。

谭嗣同从囚车上走下来，环视着成千上万的围观者。他昂着头，拖着沉重的脚镣，一步一步走向铡刀，在铡刀前他停下了脚步，再次环视围观的人群。突然，他昂首大笑，接着高声喊道：

"有心杀贼，无力回天，死得其所，快哉！快哉！"

这时，天空电闪雷鸣，大雨倾盆，年仅34岁的谭嗣同，慷慨就义。

中华爱国人物故事
ZHONGHUA AIGUO RENWU GUSHI